幼儿游戏支持与引导

主编 李 艾 翁文华
参编 海 莺 何洪达 李梅琳
　　 贾渤南 金 伶 王 洋
　　 任 环 陈 妍 宋佳淼

大连海事大学出版社
DALIAN MARITIME UNIVERSITY PRESS

北京理工大学出版社
BEIJING INSTITUTE OF TECHNOLOGY PRESS

© 沈阳市旅游学校　2024

图书在版编目（CIP）数据

幼儿游戏支持与引导 / 李艾，翁文华主编. -- 大连：大连海事大学出版社；北京：北京理工大学出版社，2024.12.
ISBN 978-7-5632-4646-5

Ⅰ. G613.7

中国国家版本馆 CIP 数据核字第 2024CC8356 号

北京理工大学出版社
大连海事大学出版社　出版发行

地址：北京市丰台区四合庄路 6 号　　　邮编：100070
　　　大连市黄浦路 523 号　　　　　　　　　116026
电话：010-68914026　　　　　　　　　0411-84729665

唐山富达印务有限公司印装

2024 年 12 月第 1 版	2024 年 12 月第 1 次印刷
幅面尺寸：210 mm × 285 mm	印张：8
字数：131 千	印数：1~2000 册

责任编辑：于丽楠	责任校对：刘长影
封面设计：华夏启文	版式设计：刘益军
策划编辑：张荣君	文稿编辑：邓　洁

ISBN 978-7-5632-4646-5　　　定价：32.00 元

前言

党的二十大报告提出:"统筹职业教育、高等教育、继续教育协同创新,推进职普融通、产教融合、科教融汇,优化职业教育类型定位。"为职业教育高质量发展指明了方向。学前儿童对周围的一切都充满好奇心与探索欲,游戏能够使幼儿在放松与愉悦中满足好奇心、增长知识与技能、促进身心发展。一项研究表明,幼儿在幼儿园中一半以上的时间是在游戏中度过的,给予幼教从业者相关的游戏支持与引导是我们学前教育专业的教师们义不容辞的责任。

本教材旨在为幼儿保育专业的学生提供幼儿游戏的相关学习资源,对学生更好地开展幼儿游戏活动起到引导与帮助作用,以此来培养学生敏锐的职业意识、充沛的职业情感、扎实的职业技能,为践行工匠精神打好基础。本教材具有如下特点:

1. 理论与实践相结合。"知识储备"中收集了大量的理论学习资源,并且配有相应的案例,以便学生更好地理解,能够在理论学习的基础上,灵活运用于实践。

2. 覆盖幼儿游戏的常见类型。从创造性游戏到规则性游戏,本书涵盖了多种游戏类型,旨在培养学生全面的游戏保教能力。

3. 注重合作与创新。幼儿园中无论是教学活动还是游戏活动,都需要班级中每位教师与保育员的共同努力才能完成,良好的合作精神在集体中发挥着重要作用。要发展幼儿的创新能力,教师自身必须有创新意识。本教材鼓励学生发挥创造性,以提升他们在未来职业生涯中的竞争力。

4.强调保教并举。本教材中每种游戏都有对应的保育环节，因为排除危险因素、促进幼儿全面发展不仅是保育工作的重点，也是学生的责任所在。游戏环境和物品的清洁与消毒是保育工作的常规内容，单列一个单元来学习，可充分体现保育工作的重要性。

教材的每个单元都设有"学习目标"，能够使学生在课前明确学习方向；"情境导入"部分以再现幼儿园的真实场景为切入口，使学生初步了解本单元所要学习的内容；学生可以通过"知识储备"中的理论讲解进行自学，并结合"案例分析"开展游戏活动；课后的"巩固与提高"是经过实践与理论学习后的知识巩固；"学测评价"将学生应该具备的知识技能及人文素养以打分形式量化，从而了解学生对本单元内容的掌握情况，为接下来的学习提供参考；"知识拓展"既与本单元内容密切相关，又是本单元内容的补充与延展。本教材的形式与内容充分考虑到学生的职业特色和就业方向，兼顾了教师与保育员的工作职责和能力要求，以及学生的实际学习情况。

学生要想较好地掌握幼儿游戏理论知识，需要具备幼儿教育学、幼儿心理学、幼儿卫生学、幼儿园活动设计、保育常识等多种学科的知识基础。幼儿园中游戏的组织与指导环节还要求具备绘画、音乐、运动等技能，因此，组织幼儿游戏是一名合格幼儿教师综合能力的体现。

本教材的适用对象主要为学前教育、幼儿保育等相关专业的学生以及从业者。除了与幼儿游戏相关的理论知识和实操技能外，书中还融入了信息处理能力、问题解决能力、沟通协调能力、团队协助精神等内容，有助于培养善于学习、勇于担当、讲团结、懂专业、有创新能力的高素质保育人才。

本教材的第一至第五单元由李艾编写，第六单元由翁文华编写。

本教材中的部分图片为我校幼儿保育专业学生作品和我校附属幼儿园场景实拍，部分游戏案例由我校附属幼儿园提供。本教材的编写得到了沈阳市旅游学校领导及学前系教师、附属幼儿园的大力支持与帮助，特此感谢，同时希望得到同行及广大读者的批评、指正。

编　者

2024 年 9 月

目录

第一单元　角色游戏 1
学习目标 1
情境导入 2
知识储备 2
知识拓展 11
案例分析 12
巩固与提高 17
学测评价 18

第二单元　结构游戏 19
学习目标 19
情境导入 20
知识储备 20
知识拓展 33
案例分析 33
巩固与提高 38
学测评价 39

第三单元　表演游戏 41
学习目标 41
情境导入 42

- 知识储备 ································ 42
- 知识拓展 ································ 52
- 案例分析 ································ 53
- 巩固与提高 ······························ 58
- 学测评价 ································ 59

第四单元　智力游戏 ································ 61

- 学习目标 ································ 61
- 情境导入 ································ 62
- 知识储备 ································ 62
- 知识拓展 ································ 72
- 案例分析 ································ 73
- 巩固与提高 ······························ 79
- 学测评价 ································ 80

第五单元　体育游戏 ································ 81

- 学习目标 ································ 81
- 情境导入 ································ 82
- 知识储备 ································ 82
- 知识拓展 ································ 93
- 案例分析 ································ 94
- 巩固与提高 ······························ 98
- 学测评价 ································ 99

第六单元　游戏环境和物品的清洁与消毒 ································ 101

- 学习目标 ································ 101
- 情境导入 ································ 102
- 知识储备 ································ 102
- 知识拓展 ································ 114
- 案例分析 ································ 114
- 巩固与提高 ······························ 116
- 学测评价 ································ 118

参考文献 ································ 120

第一单元 角色游戏

角色游戏是学前儿童最典型的游戏形式,以象征性的方式开展,不受场地和材料的限制,对幼儿的发展具有十分重要的意义。

学习目标

【知识目标】

(1) 了解幼儿角色游戏的特点。
(2) 掌握幼儿角色游戏的构成。
(3) 掌握各年龄班幼儿角色游戏的特点和指导要点。
(4) 掌握幼儿角色游戏的保育工作。

【能力目标】

(1) 能够为幼儿创设角色游戏环境。
(2) 能够根据幼儿年龄特点提供角色游戏所需的玩具和材料。
(3) 会观察幼儿角色游戏,并填写观察记录表。
(4) 具备协助教师组织、指导幼儿角色游戏的能力。

【素养目标】

(1) 帮助幼儿体验生活中各行业的不易。
(2) 喜欢为幼儿提供角色游戏的场地和材料、创设游戏环境。
(3) 遇到困难能够善于动脑,挖掘问题的根本,多渠道解决问题。

情境导入

乐乐海鲜馆

大一班开了一家海鲜馆,老板乐乐给它取名为"乐乐海鲜馆"。开业第一天,光临海鲜馆的食客络绎不绝。

服务员桃桃站在门口招呼客人:"您请进,欢迎光临!"

服务员小琪和雯雯正在为落座的客人点餐:"红烧小龙虾是我们店的特色菜,别的饭店都没有的,您可以尝尝……"

客人健健一家满脸喜悦地来到海鲜馆,服务员青青招待他们坐下后,作为一家之主的健健开始点餐:"你们家有没有饺子呀?"

服务员青青有点为难地回答:"我们是海鲜馆,只卖海鲜,不卖饺子。"

"那我们想吃饺子怎么办呢?"

青青低下头思考解决办法,这时雯雯走过来,伏在青青耳边小声说:"我们有海鲜馅的饺子。"青青听到雯雯的话,顿时眉开眼笑:"对对,我们有海鲜馅的饺子。"两人相视一笑,解决了大难题……

上面的游戏没有剧本,也没有导演,是幼儿根据日常生活中的经验完成的。在游戏中,每名幼儿都扮演一个角色,使用想象的物品,如各色菜肴,模仿自己所扮演的角色的状态、语言、动作等,表现的都是社会生活的内容。

知识储备

一、角色游戏的概念及特点

(一)角色游戏的概念

角色游戏是指幼儿依据自己的兴趣与意愿,借助模仿和想象,通过扮演角色,创造性地反映现实生活的游戏,通常有一定的主题,如娃娃家、超市、医院、小吃一条街等,幼儿可以在游戏中充分发挥其主动性与创造性。

（二）角色游戏的特点

1. 需要有角色扮演

角色扮演是表征的过程，是幼儿富有创造性的想象活动。角色游戏的显著特点是幼儿通过扮演角色来开展游戏，可以运用简单的装扮来形象地表现角色，如扮演爷爷的小男孩把眼镜框架到耳朵上或使用拐杖，也可以通过象征性的动作来表现角色，如扮演妈妈的小女孩做出哄孩子睡觉的动作，这些都是对生活细心观察后表现出来的结果。

表征，是显示出来的现象，表现出来的特征。角色游戏中的语言、材料、动作、情境都是表征的产物。表征需要借助想象，孩子们先在大脑中对人、事、情境进行想象，然后寻找可以用来表征的对象，通过想象到表征的过程，来完成对角色的扮演和对情境的转化。

创造性的想象主要表现在三方面：一是假想游戏角色（即以人代人），扮演各种社会角色；二是假想游戏材料（即以物代物），用现有的物品代替所需要的物品，如用积木代替电话；三是假想游戏情节（即情境转换），通过动作浓缩或转换游戏情境，如用掂大勺的动作来表现炒菜的情境。

2. 需要反映现实生活

角色游戏是儿童对现实生活的一种积极的再现活动，因此游戏中的主题、角色、材料、情节、规则等都离不开社会生活经验。幼儿生活经验越丰富，角色游戏的水平就越高。如医院里的医生除了使用听诊器给病人看病，还要询问病人的身体状况和症状；娃娃家里的家长除了照顾年幼的孩子，还要收拾屋子、洗衣、做饭等。这些都源于现实生活。

3. 需要表现幼儿心理活动

幼儿的所思所想及对人对事的理解，无不表现在角色游戏中。我们在幼儿园的角色游戏中常常看到幼儿扮演妈妈、爸爸、教师、医生、警察等角色，他们用自己的理解来再现生活，不同的妈妈、爸爸、教师、医生、警察会遇到不同的事情，也会用不一样的方式和态度来解决问题。比如有的妈妈对孩子细心照顾，有的妈妈看到孩子犯了一点小错误就怒发冲冠，这当然是现实的反映。这就要求现实生活中的各个角色时刻完善自己，为我们的孩子做好榜样。在角色扮演中，除了表现现实，幼儿也会发挥创造力，将不敢或不能在现实中表现的行为在角色游戏中表现出来。因此，通过角色扮演，教师可以了解幼儿的心理活动，在此基础上进行有针对性的观察与引导，有利于幼儿的心理健康发展。

4. 需要具有诸多教育功能

角色游戏的教育作用表现在诸多方面，如促进幼儿社会性的发展、语言沟通技巧的提高、一物多用等心智水平的提高。除此之外，角色游戏还为锻炼幼儿思维能力提供了机会。如在进行超市主题的游戏时，货架上摆放的商品可以让幼儿学习物品的分类，结账时能让幼儿学习加减法的运算，这种在游戏环境中的学习与练习能够大大消除幼儿的紧张情绪，使他们在轻松的状态下发挥思维水平，有利于提高他们学习的积极性和主动性。

二、角色游戏的结构

角色游戏由人、物、情节及规则组成，它们是角色游戏不可缺少的基本要素。

（一）角色游戏中的人

角色游戏中的人是指游戏中幼儿扮演的角色，来自社会生活中的各种行业和身份，多是幼儿熟悉的、能够激起幼儿强烈情感的角色，如医生、司机、收银员、妈妈、孩子等；还可以是常见的动物，如家里养的宠物。角色游戏是通过游戏中人物与人物、人物与材料的互动开展情节的，可以说角色游戏中的人是联结材料、情节的纽带，是游戏的中心，对人物的模仿水平也是衡量角色游戏质量高低的标准之一。

幼儿往往喜欢扮演以下三种角色：第一种是受人尊敬、崇拜的角色，如教师、医生等；第二种是有一定权威的角色，如警察、父母等；第三种是低于自己身份的角色，如小婴儿、小动物等。在对角色的喜好上，幼儿表现出明显的性别差异：男孩更喜欢扮演父亲、警察、司机等有明显男性特征的角色，女孩更喜欢扮演妈妈、教师、护士等富有爱心的角色。在主题的选择上，与幼儿园和教师关系亲密的幼儿喜欢玩学校、幼儿园主题的游戏；经常生病的幼儿喜欢玩医院主题的游戏；社会活动较多的幼儿喜欢玩小吃一条街、电影院、超市等主题的游戏。

（二）角色游戏中的物

角色游戏中的物是指除人之外的一切物品，包括游戏中所使用的玩具、材料等，这些都是幼儿展开想象的基础。有些材料在游戏准备中没有呈现，但在游戏进行的过程中，会在孩子们的寻找和探索后被发现。如小吃一条街的顾客向商家点了碗面条，而手边没有可以直接代替面条的材料，于是孩子们想到美工区的橡皮泥，可以搓成条做面条，那么橡皮泥成了角色游戏中的物。在角色游戏区中提供丰富的手工材料、结构游戏材料、日常生活用品等，可以促进幼儿发挥想象、以物代物。同时应鼓励幼儿一物多用，如雪花片可以代替钱，也可以当菜炒；布娃娃在娃娃家是宝宝，放到超市里就是玩具。通过对物品的选择与想象，能够判断幼儿的思维发展水平。

角色游戏区提供的材料不是越逼真、越漂亮就越好，半成品材料或基本材料更有助于调动幼儿游戏的积极性，促进幼儿思考如何完成以物代物。如橡皮泥、黏土、各种颜色和质地的纸张、彩笔、剪刀、各种包装盒等，这些物品有容易搜集、价格不高、操作随意等特点，特别适合较大一些、有一定创造性思维的孩子使用。无论哪种玩具和材料，都要定期或不定期加以调换，但不能将所有的玩具和材料一起换掉，新旧材料的比例应为1∶2或1∶3，这样孩子们才不会因为全部都是新材料而无从下手或转移游戏兴趣。玩具和材料也不要更换得太频繁，已经更换掉的玩具和材料可以在一段时间后重新换回来，也会给幼儿耳目一新的感觉。另外，现实生活中的常见物品、教师及幼儿自制的玩具也可充实到游戏中（见图1-1）。

图1-1　生活用品、教师及幼儿自制的玩具

（三）角色游戏中的情节

角色游戏中的情节是指幼儿对游戏情境的想象，主要通过动作和语言来开展。如医院里的医生为病人看病、开药，并告诉患者药物的服用方法；餐厅里的客人很多，厨师忙得不亦乐乎，服务员热情招待，为客人点餐、上菜等。随着年龄的增长，幼儿生活经验不断丰富，想象力不断增强，会把若干游戏场景和主题联系起来，使游戏情节更富有变化，如周末，娃娃家的主人要招待客人，爸爸、妈妈和孩子都忙活起来：先去银行取钱，再到超市选购食品，回家后还要做各种美食款待客人等。对游戏动作和情境的想象是角色游戏非常重要的创造性的心智活动。

（四）角色游戏中的规则

角色游戏的规则是明确的、预设的，参与游戏的个体必须遵守规则，游戏才能顺利进行。而角色游戏的规则是隐性的、内在的，受角色制约，要符合现实生活中人与人、人与事之间的逻辑关系。如娃娃家中爸爸、妈妈的责任是照顾子女并承担家务，警察的职责是维护社会治安。这种规则还表现在事物发展的顺序或动作的先后上，如到医院看病要先挂号，再找医生看病，然后做相应的检查，最后开药；护士给病人打针时要先消毒，再注射；乘坐地铁、公交要先刷卡再上车，在车厢内不大声说话等。

三、各年龄班角色游戏的特点与指导

（一）小班

1. 特点

小班的幼儿处于独自游戏、平行游戏的高峰期，伙伴之间的交往少，缺乏生活经验，角色意识不强，对游戏材料的操作感兴趣，游戏情节简单。如在娃娃家游戏中（见图1-2），扮演妈妈的幼儿一会儿给娃娃穿衣服，一会儿给娃娃喂饭，看见桌子上的水杯就拿起来喝，看见碗筷就拿起来吃，有时还会把娃娃放在一旁不去理会等。

2. 观察重点

小班幼儿喜欢重复操作、摆弄各种材料，因此观察的重点应该在幼儿操作材料的能力上。

3. 指导方法

小班幼儿对操作材料感兴趣，所以教师要为幼儿准备可重复使用的玩具和材料，如塑料或木制的厨具、可拆洗的衣物等，且玩具和材料要形象、逼真，还要准备种类少而数量多的成型的玩具。教师要帮助幼儿增强角色意识，在幼儿忘记自己的角色时，以游戏角色的身份介入，并以角色的口吻提醒幼儿。在日常生活中，要多引导幼儿观察、体验现实场景。

图 1-2　娃娃家

（二）中班

1. 特点

中班的幼儿处于联合游戏阶段，游戏主题较小班丰富，但不稳定，会经常更换；角色意识增强，希望与人交往，但缺乏交往技能，常与同伴发生争执。

2. 观察重点

中班幼儿的认知水平大大提高，生活经验也较小班丰富了许多，语言表达及对语言的理解能力都有所增强，常常出现互换玩具和材料、协商等现象，因此观察的重点应在幼儿的社会交往能力和沟通能力上（见图 1-3）。

图 1-3　医院

3. 指导方法

为中班幼儿准备丰富且有变化的游戏材料，鼓励幼儿丰富游戏主题。重点在发展幼儿的交往能力，如幼儿为争当同一游戏角色而争执不下时，教师要引导幼儿妥善处理与同伴的矛盾，让幼儿学会用自荐、推选、讨论、轮换等方法确定角色，逐渐学会独立解决问题。

（三）大班

1. 特点

大班的幼儿处于合作游戏阶段，在游戏中表现得更有计划、有分工、有组织；游戏主题新颖、内容丰富、情节复杂，能够反映复杂的社会生活中的人际关系；愿意与同伴游戏，且有一定的交往技能，独立解决问题的能力增强。

2. 观察重点

大班幼儿各方面的能力都有很大的提升，观察的重点应在角色的创造性、同伴之间的合作水平、发现并解决问题的能力上（见图1–4、图1–5）。

图1–4　快递公司

图1–5　小吃街

3. 指导方法

引导大班幼儿共同进行环境创设、准备游戏材料，提供操作性强的半成品材料和原始材料，鼓励幼儿尝试没使用过的材料；注意游戏主题之间的联结与转换；鼓励大班幼儿在游戏中探索、发现并独立解决问题。

总之，对于小班幼儿的角色游戏，应当注意是否具有角色游戏的基本要素，如角色的想象（以人代人）、物品的想象（以物代物）、动作及情境的想象、角色扮演的一贯性、社会性交往、言语交流。对于中、大班幼儿，不仅要注意这些要素的有无，更应该注意这些要素之间的关系。如何促进游戏主题、内容、情节的发展，应当成为幼儿园中、大班角色游戏指导中关注的重点。解决这个问题的基本策略包括从幼儿的现实需要中生成新的游戏主题；以问题为契机，促进幼儿游戏发展；通过讨论与协商，帮助幼儿发现和解决问题；利用多种形式，丰富幼儿的相关经验，以促进游戏情节的深入。

四、角色游戏的保育

（一）游戏材料的投放

角色游戏材料要根据幼儿的需要和游戏过程的发展适当投放，如在餐厅主题的游戏中，保教人员通过观察发现顾客很多，但餐具和椅子不足，这时可以及时添加餐具、椅子，也可以鼓励幼儿以物代物或增加其他游戏情节，如到超市购买等。游戏的材料并不是越多越好，如将所有旧材料都更换为新材料，孩子们会眼花缭乱、无从下手；当新旧材料数量差别不大时，幼儿会开始互相商量着交换材料，但创造性行为不多；当新材料比旧材料多时，幼儿会关注新材料而忽视旧材料；当新材料的数量是旧材料的一半时，幼儿会更有创造性地使用新、旧材料。

（二）游戏中的安全隐患

1. 根据游戏场地的大小控制游戏人数

各角色游戏区的人数过多会导致拥挤、碰撞等，通过限制游戏人数或分散进入游戏区的方法，可避免出现游戏区人数过多的现象。

2. 及时修补破损的游戏材料

保教人员要定期检查游戏材料的使用情况，发现有损坏的要及时修补，不能修复的要及时更换。如娃娃的纽扣、拉链等脱落、损坏时，要及时缝补和更换；医院或药房里的药品应为空盒或空瓶，有些幼儿用黄豆、玉米粒等小物品代替口服药，这是很危险的，一定要及时回收，以免异物入体。

3. 制止幼儿在游戏中的危险行为

幼儿在游戏中争抢材料时，保教人员可先静观事态发展，如果幼儿能通过协商、轮流使用等方法解决冲突，可不介入；如果幼儿没有能力协商解决，出现了人身攻击的行为，一定要及时制止，防止造成伤害事故。角色游戏中，一些仿真的材料会给幼儿造成以假乱真的错觉，如果幼儿出现食用、吞咽等行为，要及时制止。

（三）游戏后的物品整理

游戏结束后，保教人员要对游戏中使用的游戏材料加以清点，有破损的要及时更换和修补。年龄小的幼儿可在保教人员的协助下按类摆放整理游戏材料，如图1-6所示。进行环境卫生的清洁；年龄大的幼儿可在保教人员的组织下共同制订物品整理的规则，并自行整理、打扫卫生，如图1-7所示。收放物品是游戏的结束环节，为下一次的游戏开展提供良好的物质条件和基础，使幼儿养成有序、整洁、卫生的生活习惯，提升自我服务意识。

图1-6　小班幼儿游戏材料整理

图1-7　大班幼儿游戏材料整理

知识拓展

如何为各年龄班角色游戏区提供游戏材料

各年龄班的游戏材料要有区别。如都是娃娃家的主题游戏，小班的游戏材料多是仿真的娃娃、厨具、食品等（见图1-8），而中、大班要提供一些半成品材料和原始材料，如橡皮泥、纸张等。材料不一定逼真和齐全，这样可以为幼儿提供以物代物的机会，增加游戏的趣味性和创造性。特别是在餐厅主题和小吃一条街主题游戏中，要准备充足的半成品材料、原始材料（见图1-9），以及低结构性材料，如手纸卷芯、雪糕棒、纸杯、瓶子、盒子等（见图1-10），以便幼儿进行再加工和创造。

图1-8 仿真游戏材料

图1-9 半成品材料、原始材料

图1-10 低结构性材料

案例分析

案例一

角色游戏：娃娃家（中班）

一、游戏目标

1. 对角色扮演感兴趣，体验家庭角色间的亲情。

2. 能按意愿选择角色，通过语言、动作尝试模仿家庭成员的特点。

3. 能主动与其他角色交流。

二、游戏准备

1. 经验准备：熟悉家庭生活，对父母如何照顾孩子有一定的认识。

2. 环境准备：用小屏风或大型积木将娃娃家分隔成厨房和卧室。

3. 材料准备：仿真娃娃、小床（可用大纸盒箱拼搭成小床，四个角安上绳子吊起来当作摇篮）、娃娃衣服若干、厨房用具和餐具若干（可在扁长形的纸箱上挖两个洞，加上"开关"当作燃气灶；用废旧皮球切半当作锅）。

三、指导重点

1. 对爸爸、妈妈常做的家务开展模仿活动。

2. 引导幼儿主动与其他角色交流。

四、游戏过程

1. 游戏导入

用问题引导幼儿回顾：爸爸、妈妈在家里每天都做些什么？怎样关心、照顾宝宝的生活？

目的：让幼儿根据已有经验大胆讲述，了解家庭成员的具体活动内容，感受爸爸、妈妈对自己的关爱之情。

2. 讨论游戏玩法

（1）交代游戏名称，讨论游戏玩法，说说怎样当好爸爸或者妈妈："我们温暖的家里会有谁呢？他们在家里会做些什么？今天你想扮演谁？"

（2）帮助幼儿整理游戏中各角色的任务，启发幼儿按意愿选择游戏角色，请担任不同角色的幼儿说说自己今天准备做哪些事。

3. 幼儿游戏

（1）幼儿按所选角色与同伴协商游戏过程。

（2）教师观察幼儿的活动情况，适时指导，帮助幼儿丰富角色扮演的内容及情节。

指导重点：适时启发、引导幼儿大胆交流，模仿爸爸妈妈的语言和动作，进一步理解角色所承担的工作。

（3）提醒幼儿有序收拾物品，物归原处，摆放整齐。

4. 经验分享

引导幼儿交流：我今天扮演的是谁？都做了哪些事？和谁玩得最开心？

评价幼儿在游戏中的表现，如对角色动作和语言的模仿是否大胆，能否坚持做好自己角色的工作，尤其是能否在游戏结束后有序地放还物品。

五、游戏延伸

可在一个班内设置多个娃娃家，让各个"家庭"互相来往走动，到"邻居家"串门做客，引导幼儿逐渐丰富和深化游戏的情节，培养文明的社交习惯。

分析： 娃娃家是幼儿最喜欢的角色游戏之一，幼儿可以在该游戏中重温亲情，在角色扮演的同时体验父母的辛苦。教师通过提问与交流，帮助幼儿明确娃娃家的人员结构及职能；自愿分配角色，体现了幼儿游戏的自主性；游戏结束后，幼儿将游戏物品摆放整齐，强调了游戏常规。作为游戏延伸，除可将几个娃娃家联合起来，也可纳入其他角色游戏场景，如超市、医院等，使游戏情节更加丰富。

案例二

角色游戏：图书馆（大班）

一、游戏目标

1. 模仿图书馆的工作人员和读者的语言与行为。

2. 能解决游戏中出现的问题。

3. 体验图书馆工作人员的职业特点，了解读者应遵守的规则。

二、游戏准备

1. 经验准备：生活经验储备，了解简单的图书馆工作流程。

2. 材料准备：幼儿喜欢的图书若干、书架、管理员标签、服务台。

3. 环境准备：小沙发等安静看书的环境。

三、游戏玩法

教师创设情境，引导幼儿回忆已有经验。如我们到图书馆里可以做什么？图书馆里有哪些工作人员？他们的工作是什么？在图书馆里应该注意什么？请幼儿商量角色分配，说说每个角色在活动中要做什么、注意什么。

幼儿游戏，教师观察指导。

游戏后，幼儿整理游戏材料，交流今天谁做了小读者，在游戏中需要哪些帮助，图书管理员在工作中遇到了什么问题、是怎么解决的等游戏情况。

四、游戏过程

1. 出示图片，与幼儿交流，激发幼儿的游戏兴趣："你知道这是什么地方吗？图书馆里都有什么？有哪些工作人员？"

2. 幼儿讨论后进行角色分配，教师引导幼儿制订游戏规则。

3. 幼儿游戏，教师观察并适时指导。

观察幼儿的游戏行为和语言是否符合角色特征，如图书馆的工作人员能否热情为大家服务，看书的小朋友能否遵守图书馆里的规则和要求；观察幼儿如何解决游戏中出现的问题等。

4. 小读者陆续离开图书馆，图书管理员归纳、整理图书。

5. 游戏结束，教师与幼儿共同总结："你在玩游戏的时候遇到了什么事情？你是如何解决的？"对能友好解决问题的幼儿提出表扬。

分析： 大班幼儿的社会经验较为丰富，对知识的渴望也与日俱增，从主题的选择上看，图书馆主题的游戏不仅能满足幼儿角色游戏中社会交往的愿望，增强其沟通能力，还能使幼儿进一步了解图书馆的社交规则，以及图书管理员的职业特点。大班幼儿已能够自行分配角色，教师在此环节中可放手由幼儿协商决定。游戏结束后，图书管理员对书籍及环境的整理，体现了幼儿游戏的自主性。通过交流、分享游戏经验，为下一次游戏的顺利开展做铺垫。

案例三

角色游戏：买东西（小班）

一、游戏目标

1. 学习扮演售货员或顾客。

2. 能使用礼貌用语。

3. 大胆表现。

二、游戏准备

创设小商店情境，准备三层食品柜子、食品照片、用黏土制作的各种烤串、游戏钱币若干、烧烤炉、调料、收银台、顾客与收银员头饰。

三、游戏玩法

幼儿分别扮演在商店购物的顾客和售货员，模拟买东西的情境。扮演顾客的幼儿要有礼貌地跟售货员打招呼，准确说出想买的东西及数量；扮演售货员的幼儿要使用礼貌用语与顾客交流，并在商店内找到顾客需要的商品。

四、游戏过程

1. 谈话导入：根据幼儿平日生活中已有的超市经验进行谈话导入。

2. 角色分配：幼儿自由分配角色，两人扮演收银员，其他小朋友扮演顾客，戴好各自的头饰。

3. 游戏指导：教师全面巡视，了解游戏情况。

指导重点：

（1）指导扮演顾客的幼儿有礼貌地跟售货员打招呼，指导扮演售货员的幼儿使用礼貌用语与顾客交流。

（2）指导幼儿大胆表现，完整说出想买的东西及数量。

五、游戏小结

小朋友们玩得很开心，大家都买到了自己心仪的商品。

教师："老师发现糖果小朋友扮演售货员的时候，出现了很多排队的顾客。请糖果小朋友分享一下你的游戏体验。"

糖果："因为我有的时候找不到顾客想买的商品，结账速度就很慢。后来我熟悉了商品的位置，就快啦！"

教师："今天小朋友们的游戏活动开展得非常好，大家不仅了解了去超市买东西的过程，还学会了用礼貌用语跟售货员、顾客打招呼。但有的小朋友在活动中不敢大胆表达，对于活动材料有些不熟悉，我们可以在以后的活动中多练习，更大胆地表现自己。"

分析： 小班幼儿的生活经验较少，游戏以"买东西"为名，比以"商店""超市"等为名更加直观，能够使幼儿明确参与游戏的目的。选择常见的生活场景，使幼儿能够自如地开展游戏。游戏中强调对礼貌用语的合理使用及主动交流的意愿，并要求幼儿明确说出购买物品的名称和数量，这也符合本阶段幼儿的年龄特点。在游戏物品的提供上，有幼儿及教师自制的物品，可以提高幼儿的游戏兴趣。

巩固与提高

一、选择题（每题1分，共5分）

1. 角色游戏是指幼儿依据自己的兴趣与意愿，借助模仿和想象，通过扮演角色，创造性地反映（　　）的游戏。

   A. 幼儿园生活　　　　　　　　　B. 现实生活

   C. 优秀儿童文学作品　　　　　　D. 成人生活

2. 教师应该根据（　　）为幼儿选择游戏材料。

   A. 游戏的主题和幼儿的年龄特点与发展需要

   B. 幼儿的智力发展水平和习惯

   C. 幼儿的年龄特点、发展需要和喜好

   D. 游戏的主题和幼儿智力发展水平

3. 在角色游戏中，（　　）是幼儿最熟悉、最喜欢的家庭生活主题游戏。

   A. 医院　　　　B. 超市　　　　C. 小吃一条街　　　　D. 娃娃家

4. 为发展幼儿的想象力和思维能力，教师应为幼儿选择（　　）。

   A. 电动玩具　　　　　　　　　　B. 色彩鲜艳的玩具

   C. 形象逼真的玩具　　　　　　　D. 一物多玩的玩具

5. 评价幼儿角色游戏水平，主要参考（　　）。

   A. 语言的表达　　B. 交往能力　　C. 玩具的使用　　D. 以上都是

二、判断题（每题1分，共5分）

1. 角色游戏是创造性游戏，要充分发挥幼儿的想象力与创造性，所以没有规则。（　　）

2. 角色游戏反映的是成人的生活经验。（　　）

3. 小班幼儿受认知能力和生活经验的限制，喜欢仿真的玩具和内容与情节较简单的角色游戏。（　　）

4. 保教人员参与幼儿游戏时，应担任重要角色，指挥和命令幼儿游戏。（　　）

5. 小班幼儿年龄太小，无需参与到玩具和材料的整理中。（　　）

学测评价

评分项目		评分标准	得分
专业知识与技能（60%）	角色游戏的特点	（1）说出角色游戏的定义（1分） （2）理解表征的含义（1分） （3）掌握角色游戏的结构（1分）	
	角色游戏材料的投放	（1）为各年龄班投放角色游戏材料（4分） （2）明确材料投放与游戏行为的关系（2分） （3）说出各年龄班角色游戏材料的投放要点（3分） （4）自制角色游戏玩具（4分）	
	角色游戏的年龄特点	根据实习经历并结合学习内容分析： （1）小班幼儿角色游戏的特点（2分） （2）中班幼儿角色游戏的特点（2分） （3）大班幼儿角色游戏的特点（2分）	
	角色游戏的观察与指导	（1）能够观察和记录幼儿游戏情况（4分） （2）合理分析幼儿出现某种行为的原因（3分） （3）掌握干预游戏的时机（4分） （4）能够指导幼儿开展角色游戏（3分）	
	角色游戏的保育	（1）能够组织幼儿收拾整理角色游戏材料（2分） （2）能够及时发现破损的玩具材料，并进行处理（2分） （3）说出角色游戏安全隐患的排除方法（2分）	
	角色游戏后的分享	（1）带领幼儿分享角色游戏过程（5分） （2）与幼儿一起完成游戏故事（3分）	
	课后习题	巩固与提高（10分）	
个人素养（40%）	学习态度	（1）尊重教师，积极与同学互动，体谅幼儿的感受（3分） （2）愿意分担各项任务（3分） （3）遇事积极思考，有质疑精神，勇于创新（4分） （4）善于倾听各方声音（3分） （5）乐于分享学习、实践经验（3分）	
	专业精神	（1）认识保育工作的重要性（2分） （2）能够积极投入专业学习中（4分） （3）实践中严谨、认真（4分） （4）遇事善于动脑和反思（5分）	
	信息获取	（1）熟悉信息收集方法（2分） （2）能够对需要的信息进行深度挖掘与筛选（3分） （3）利用有效的信息资源充实游戏活动（4分）	
分数		专业知识与技能： 个人素养： 总分：	

第二单元 结构游戏

　　结构游戏是幼儿园中常见的游戏形式，有较强的创造性，不受空间、时间的限制，在室内或室外均可开展，还可以作为两种活动的衔接环节，可以由教师组织，也可以由幼儿自主开展。

学习目标

【知识目标】
（1）了解结构游戏的特点。
（2）了解结构游戏的基本内容及各种结构材料的特性。
（3）掌握各年龄班幼儿结构游戏的特点和指导方法。

【能力目标】
（1）能根据幼儿年龄特点提供结构材料。
（2）熟练使用多种结构材料进行造型活动。
（3）能用积塑材料进行主题建构。
（4）能运用多种结构材料自制拼图、拼板。
（5）能为结构材料提供分类摆放的空间。
（6）指导幼儿进行结构材料的整理。

【素养目标】
（1）喜欢各种建构活动，积极参加结构游戏的教学实践活动。
（2）具有对建构活动浓厚的兴趣，愿意探索各种结构材料不同的玩法。
（3）能够珍惜自己与他人的作品。

> **情境导入**
>
> **欢欢和亮亮**
>
> 欢欢来到建构区，拿起玩具篮里的积木敲敲打打，一会儿拿起一个长方形放在头上，一会儿又拿来一个扁的坐在上面。她把几个长积木一个一个地垒起来，积木倒下，欢欢放回去，结果又倒下了。欢欢一脸茫然，不再继续，走开了。过了一会儿，欢欢又回到建构区，把大的积木放在最下层，小的放在上面，一层层垒高后推倒，再垒高，再推倒……玩得不亦乐乎。
>
> 亮亮也来到建构区，从玩具柜中拿出了多种形状的积木，自言自语："我要把我家的房子造出来。"亮亮一边想象自家房子的样子，一边用正方形、长方形、三角形的积木搭建起来，又从玩具柜中拿了几个雪花片放在房子上，然后招手让老师过来："老师，快来啊，这是我的房子，漂亮吗？你可以到我家来做客。"
>
> 从以上结构游戏中可以看出，两个孩子处于不同的发展阶段。欢欢显然是小班幼儿，只能简单地把积木垒高、推倒；而亮亮掌握一定的建构技能，能够通过回忆与想象开展建构活动，并积极邀请老师参与游戏。

知识储备

一、结构游戏的概念及特点

（一）结构游戏的概念

结构游戏又叫建构游戏或建筑游戏，是幼儿利用各种不同的结构玩具或结构材料来构造物体的一种游戏，是儿童对周围生活的创造性反映。在结构游戏中，儿童既可以表现现实生活中的各种物体形态，又可以将自己思维中想象的物体具体化。它是手脑并用、包含一定技能的游戏形式。

（二）结构游戏的特点

1. 丰富的结构材料是结构游戏的物质基础

结构游戏是幼儿借助结构材料进行造型活动的一种游戏，如果离开了具体的材料，结构游戏就无法开展。幼儿园中常见的结构材料包括积木、积塑、雪花片、磁性材料等专门的结构材料；还有一些常见的天然材料，如沙、石、土、雪、水等；除此之外，还有一些孩子们常常使用的辅助材料，如纸箱、纸盒、瓶子、木棒等废旧物品。这些材料既可单独使用也可同时使用，具体应根据造型特点有选择地加以运用。

2.结构游戏是幼儿创造性的动手操作活动

动手操作是结构游戏的显著特点，离开了幼儿的具体操作，再丰富的材料也起不到相应的作用。幼儿按照自己的意愿，将游戏材料通过动手操作进行拼搭组合，并借助想象力和创造力，将原来形状、颜色各异的材料任意组合成各种造型，玩法不受限制。

3.结构游戏体现了幼儿空间感知能力、想象能力与动作技能的发展

在结构游戏中，幼儿通过材料的拼搭区分方位，了解抽象的数学概念，如面积、体积等。通过动手操作将头脑中对物品、建筑的认知表现出来，需要幼儿掌握一定的动作技能，如大肌肉群、小肌肉群的动作以及手眼协调能力等。

二、结构游戏的内容

结构游戏的材料十分丰富。我国地大物博，可以根据当地的气候环境特点，为幼儿选择适合的材料。

（一）积木游戏

积木（见图2-1）可以用来搭建现实生活中的各种建筑，因其本身就是立体的，所以在拼搭时运用基本的垒高、围合等技巧，就能呈现立体的效果。积木能够让幼儿很好地体会平衡、对称、镂空等概念，直观地感受搭建的乐趣，以操作简单、拼搭随意深受孩子们的喜爱。积木游戏对环境有较高的要求，如场地要平坦、坚固，没有外力干扰，如果是地面，一定要放置隔凉垫，以免幼儿长时间坐在地面上游戏而着凉。此外，积木作品不宜保存，即使有专门的储物柜，在搬运时也有一定难度。

积木除了具有造型的功能，还可以帮助幼儿理解一些抽象的数学概念。孩子们能够用围合的方式观察面积的大小，也可以用一块块积木填满玩具箱的方式理解体积的概念。这些概念对于几岁的孩子来说理解起来有难度，通过自己动手操作，会有更直观的认识与体验。积木有各种不同的形状和颜色，通过动手操作，能够使幼儿认识不同的形状，并感知形状之间

的关系。如两个相同的三角形可以拼成一个四边形，也可以拼成一个大三角形；一个圆形可以分成两个半圆形等。积木的种类也可分为大型、中型和小型，这几种可混合使用，也可单独拼搭，应根据场地大小选择不同的种类。

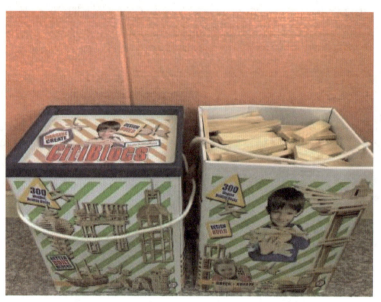

图2-1　积木

（二）积塑游戏

积塑（见图2-2）是塑料制品，有片、粒、块、棒等形状，可通过插、接、镶、嵌等技能进行建构。积塑具有颜色鲜艳、体形轻巧、使用灵活、造型多样、便于清洁与消毒等特点。在熟练掌握多种积塑玩具使用方法的基础上，可以同时使用几种积塑玩具，丰富的材料更利于孩子们充分发挥想象力与创造力。

图2-2　积塑

（三）拼棒游戏

拼棒（见图2-3）是孩子们喜爱的游戏形式之一，有木、纸、塑料、金属等材质，如雪糕棒、火柴棒、棒棒糖棒、自制的纸棒等。拼棒游戏有使用随意、不占空间等特点，但如果想创造出更加立体的造型，还要运用粘贴等方法。

图2-3 雪糕棒拼棒

（四）拼图拼板游戏

可作为拼图拼板游戏的材料（见图2-4）有多种，如纸板、塑料板、木质板、磁性板等，形式也有很多，如人物、动物、建筑物、图形等。传统的七巧板、九巧板、蛋形板等都属于此类游戏。拼图拼板游戏，规则自由，既可以按要求进行拼摆，也可以自由拼摆；不受空间限制，地面或桌面、室内或室外都可开展，轻便、易搬挪，幼儿能够随意放置；在时间上也不受约束，晨间、午睡前、离园前都可开展。

图2-4 拼图拼板游戏材料

（五）穿珠、编织游戏

穿珠游戏（见图2-5）是将各种大小、形状、颜色的塑料、木质或金属的环、珠子、细管、片等穿连起来的一种造型活动，可以连续穿、间隔穿、交替穿，还可以一根线穿、分线穿、和线穿等。年龄小的幼儿可以选择大的材料和粗线开始练习，逐渐过渡到小的材料和细线。穿珠游戏对幼儿手眼协调能力有一定的要求，为小肌肉群的发展提供了很好的锻炼方法，对专注力的提升有积极的作用。

编织游戏是将绳、线、带子、纸条、植物等交叉组织起来的一种造型活动，如编辫子、编花篮、编手链等。根据材料的不同，编织可单纯用于结构游戏，也可作为美术作品、图案等的装饰物，还可同时运用剪贴、绘画等方法。

图2-5 穿珠游戏的材料

（六）玩沙、石、泥土、水、冰雪、树叶的游戏

沙是自然的建筑材料，有获取方便、可塑性强等特点，可配合玩沙工具，如铲、沙漏、手推车、小桶及各种模具等进行游戏。玩沙游戏可以扩大幼儿造型活动的空间，通过装、运等环节，改变传统的单一空间的活动方式；室内室外都可进行，室内玩沙要有专门的场地和房间，为幼儿提供雨靴、罩衣及玩沙工具，室外玩沙要有水源，同样要提供雨靴，夏季可以不穿鞋子，但弄湿的衣物要及时更换。

玩水不是严格意义上的结构游戏，但游戏过程有明显的结构成分，所以纳入结构游戏范畴。玩水既可单独游戏，也可与玩沙联合游戏。

玩雪是北方特有的结构游戏种类，主要是用天然的雪进行各种造型活动，如滚雪球、堆雪人、制作冰滑梯等。在进行玩雪游戏时，可以使用天然辅助材料，如树枝、树叶、石子等，还可以使用各种蔬菜、水果等食物参与造型活动，但要注意防寒保暖，控制户外活动的时间。

以树叶为材料的游戏（见图2-6）也是孩子们较为喜欢的结构游戏形式。它是利用树枝、树叶天然的形状与颜色的特点，以撕、剪、拼、贴等方式进行的造型活动，要求幼儿有一定的造型能力和想象力。

图2-6 树叶贴画

幼儿园要为幼儿提供多种结构游戏内容和结构材料，以促进其动手能力及创造力的发展。

三、各年龄班结构游戏的特点与指导

（一）小班

1. 特点

（1）结构的目的性不强

小班幼儿在建构开始时没有计划与目的，对材料的选择和操作也很随意，经常拿着结构材料当作手枪或汽车等，如将积木垒高后推倒，再垒高再推倒，从中体会乐趣并获得三维空间的感觉（垒高是儿童感知空间最基本的形式）。选择的材料、颜色、形状往往是自己熟悉或喜欢的，很少关注材料是否对建构有帮助。

（2）游戏的坚持性较差，易受干扰

小班幼儿不能长时间游戏，注意力容易分散，易受外界因素的影响而改变原来的搭建，如刚开始想搭汽车，看见周围的小朋友在搭房子，就会改变主意去搭房子。往往出现口中描述的主题与实际拼搭主题脱节的现象，如幼儿开始说要建滑梯，建了一会儿又说在建转椅、三轮车；过了一会儿又说在建游乐园，而实际上在整个搭建过程中，造型一直没有太大变化，与其描述的几种事物都不相符，或是待搭建完成才能根据造型特点给其命名。

（3）建构的技能单一

小班幼儿在结构游戏中，基本以延长、垒高、平铺、围合为主，由于这个年龄的幼儿小肌肉群和神经发育不够完善，不能够较好地完成精细动作，力量较差，所以拼插的牢固性较差，对颜色的搭配和造型没有太高要求。

2. 观察要点

（1）幼儿对结构游戏和结构材料是否感兴趣。

（2）在游戏中是否表现出建构欲望。

（3）幼儿在游戏中是否使用简单的建构技能。

（4）幼儿在游戏中遇到了哪些困难，如何寻求帮助。

（5）游戏常规，如材料的收放及使用情况。

3. 指导方法

（1）材料：教师为幼儿提供大中型的积木和少量小型积木，或适合幼儿练习连接、堆砌、铺平、延长、拼插等技能且颜色鲜艳的结构材料（见图2-7）。材料的种类不必太多，但数量要多。大中型空心或软体积木、积塑、沙、水等都是幼儿喜欢的结构材料。不同颜色、种类的材料可以分开摆放，在建构前让幼儿说说材料的颜色、大小、形状、名称，帮助幼儿建立初步的结构意识。

（2）创设环境或情境：教师针对拼搭主题，为幼儿创设相应的游戏环境，如张贴海报、图片，将成品放置在活动室显眼的地方等。带领幼儿参观中、大班的主题建构活动或作品，从而激发幼儿的搭建兴趣。

（3）建构技能：教师通过讲解、示范、启发、练习等方式，帮助幼儿掌握建构技能。引导幼儿观察实物或教师的示范作品，感知结构物的形状及外形特征，引导幼儿初步掌握拼搭方法。

（4）游戏常规：在进行游戏前，教师要制订简单的游戏常规，如取放结构材料的顺序、爱护玩具、轻拿轻放、在指定范围内游戏、听信号结束游戏等。引导幼儿掌握整理、保管结构材料的简单方法，让幼儿在教师或保育员的帮助下收拾整理好结构材料及场地。

图 2-7　小班结构游戏

（二）中班

1. 特点

（1）结构目的性比较明确，有初步、简单的建构计划。

能够围绕结构主题开展搭建活动，并关心结构成果，但主题比较单一，综合性不强。不能深入地分析、发掘主题，对实现主题的方法也没有太多思考。

（2）建构技能有所提高，对搭建物的艺术性有一定要求。

能够根据目标结构物的特性选择适合的结构材料，运用材料本身的形状特点搭建物体，在构造过程中结合自身的生活经验，考虑搭建物的逼真程度，对颜色搭配、造型都有一定的要求。

2. 观察要点

（1）幼儿的游戏兴趣能否长久保持。

（2）幼儿在建构前是否有简单的计划，是边想边做，还是先想后做或是先做后想。

（3）幼儿结构游戏的发展水平：主题的开展情况；幼儿是否掌握了铺平、延长、围合、垒高、拼插等技能，并在原有的技能基础上尝试镶嵌、对称、镂空等；幼儿对颜色的搭配、呈现效果是否在意；是否尝试使用辅助材料或新材料。

（4）幼儿在游戏中是否有合作，能否解决问题。

（5）结构材料的收放是否有秩序。

3. 指导方法

（1）通过提供丰富的结构材料、挖掘多样的主题、创设游戏环境及展示成品，增强幼儿游戏兴趣的持久性（见图 2-8）。

（2）引导幼儿制订简单的建构计划，并根据计划选择适合的结构材料。

（3）运用讲解与示范相结合的方法，指导幼儿掌握更多建构技能，尝试运用镶嵌、对称、镂空等手法，并对颜色的搭配、构图等进行指导。

（4）指导幼儿学会看平面图，鼓励幼儿独立进行搭建、解决问题，组织幼儿通过协商进行合作搭建，并提供辅助材料。以多种形式丰富幼儿生活经验，如参观、阅读、远足等。

（5）游戏结束时，教师组织幼儿进行分享与讲评，说说自己为什么搭建这样的物品、物品的特点、遇到的困难、自己是如何解决的，也可以尝试欣赏与评价他人的作品，为下次游戏做准备。

图 2-8 中班结构游戏

（三）大班

1. 特点

（1）结构游戏的目的性、计划性和持久性都显著增强，主题丰富。大班幼儿在搭建前不仅明确自己要搭什么，而且能选择丰富并适合的结构材料；能够协商选择主题，并围绕主题大胆、长时间地建构，体现结构游戏的综合性。

（2）能够熟练地运用各种拼搭技能。与中、小班相比，大班幼儿材料的选择更多样，特别是对小型的材料也喜欢尝试；注重作品的完整性与细节，在建构过程中体现想象力与创造性。

（3）已经不满足于简单的单元建构（只拼搭某一个物品或几个没有联系的物品），大班幼儿更喜欢主题建构，如游乐场、街心公园、军事博物馆等。

（4）大班幼儿能够独立收取结构材料，在指定范围和时间内完成搭建。

（5）大班幼儿能够较客观地评价自己与同伴的作品。

2. 观察要点

（1）幼儿在建构时是否有一定的计划性，能否围绕主题持久拼搭。

（2）能否熟练地运用拼搭技巧进行复杂的建构，建构中是否反映物体的特征，能否合理使用替代材料和辅助材料。

（3）在搭建过程中是否有分工、合作，这些行为对作品的影响如何；能否独立解决遇到的问题，能否评价同伴的作品。

3. 指导方法

（1）注意观察生活，引导幼儿为结构活动收集素材（见图2-9）。

（2）指导幼儿制订建构计划（协商确定主题、结构物的搭建步骤与方法、分工等），引导幼儿按确定的主题进行拼搭，注重成品的美观和创造性。

（3）指导幼儿表现物体的特征和细节，引导幼儿积极寻找辅助材料，探索新的拼搭技能，进行复杂建构。

（4）鼓励幼儿克服困难完成任务，发挥创造性思维，积极为幼儿提供结构材料。

（5）引导幼儿学会欣赏自己和同伴的作品，逐渐发展自我评价和评价他人的能力。

图 2-9 大班结构游戏

四、结构游戏的保育

（一）游戏场地的选择

结构游戏可以有专用的游戏室，全园幼儿共享，每班安排固定的游戏时间，这样空间足够宽敞，结构材料也较丰富。也可以每班设置结构游戏区域，教师根据幼儿的年龄、特点投放适合本班幼儿的结构材料。无论哪种场地，都要求地面平整、无裂痕，可适当铺设地垫，以减少噪声，幼儿直接坐在地上时，也可起到隔凉的作用。

（二）结构材料的提供

存放结构材料的玩具柜要适合幼儿的身高，宜做成开放式的，以便幼儿取放材料。结构材料分类摆放，大型、较重的材料放在玩具柜的底部，体积较小的材料放置在篮子或筐中，并在侧面贴上图片或标签，方便拿取（见图2-10）。

图2-10　结构游戏辅助材料

由于小班幼儿处于平行游戏阶段，投放材料的种类不一定很多，但每一种材料的数量要足够多，以免发生幼儿争抢材料的现象。大班幼儿创造性行为增多，每一次搭建造型复杂，使用的材料数量增多，因此要选择种类多、数量多、颜色丰富的材料，还要提供辅助材料，如绳、盒、筒、纸、笔等非结构性材料。

（三）游戏中的安全隐患

1. 结构材料随意堆放

幼儿在游戏时，经常会出现被积木绊倒的现象。在日常生活中，保教人员要有意识地提高幼儿的自我保护能力，也要培养幼儿将不用的结构材料及时收纳起来的习惯。

2. 游戏中争抢、扔、推结构材料

游戏前要制订游戏规则，分配场地、材料和人员，最大限度地减少争抢结构材料的现象。要教育幼儿，如果确实需要借用同伴的结构材料，要经过对方允许；不乱丢结构材料，否则会对同伴造成伤害，还会损坏结构材料；对同伴的作品要尊重，不推、撞其他幼儿的作品，不小心弄倒同伴的作品时要道歉；在搬运大型结构材料时，要注意周围是否有其他幼儿，

应学会避让；不在过道、出口等处开展搭建活动。

（四）游戏后的物品收拾和整理

收拾和整理是组织结构游戏的重要环节。对结构材料的整理，可以培养、巩固分类、有序摆放的行为，强化责任意识，促使幼儿养成良好的按序收拾和整理物品的习惯。在收拾和整理结构材料时，要为幼儿提供充足的时间，并在玩具柜上贴好标签，使幼儿了解不同材料的摆放位置。可以组织幼儿观察各类材料的摆放位置和方法。小班幼儿可在保教人员的协助下进行收拾和整理，中、大班幼儿可自行收拾和整理（见图2-11）。

图2-11　游戏后的物品收拾和整理

（五）幼儿作品的保留

由于空间和材料的限制，幼儿的建构成品通常不能长久地保存，如幼儿强烈要求保留自己的作品，保教人员可通过沟通与交流了解幼儿想法，以决定是否予以保留。如果幼儿当天没拼搭完，想第二天接着完成，或是想围绕结构物进一步开展更加复杂的、难以重建的步骤时，保教人员可想办法帮助幼儿将结构物暂时保留下来。这种处理方式能够体现保教人员对幼儿作品的欣赏和尊重。被保留下来的结构物要单独存放，以免被破坏。

结构游戏的结构材料要定期消毒，塑料材质的材料用消毒液与清水配比进行消毒，木质、金属材质的材料可用毛巾擦拭消毒。

知识拓展

结构游戏对幼儿五大领域发展的影响

发展领域	项目	举例
健康	大肌肉动作	搬运纸箱、大型结构材料等到室外堆砌
健康	小肌肉动作	使用小型积木、雪花积塑等结构材料，通过插、接、镶、嵌等组成多种造型
语言	倾听与表达	在和同伴共同建构结构物时使用语言相互沟通，并对自己和他人的作品开展评价
语言	阅读与书写准备	在建构前运用设计图将建构思路写下来，并学会理解他人的设计图
社会	人际交往	和同伴沟通如何完成某一建构目标，在建构过程中尊重他人的意见，保护建构作品
社会	社会适应	知道爱惜结构材料，借用他人的结构材料时，使用礼貌用语和动作等进行沟通
科学	科学探究	在建构房屋的目标达成后，幼儿对房屋的上下楼层、前后左右墙壁、空间的大小有了新认识
科学	数学认知	幼儿园剩下的积木数量不够，幼儿需要想办法思考如何搭建才能减少积木的使用，并对需要的积木数量进行估算
艺术	感受与欣赏	完成结构物的搭建后，互相观察与欣赏彼此的作品
艺术	表现与创造	为了表现"城堡"里的"公主"与"王子"，幼儿将娃娃家的粉红色积木和蓝色积木放到"城堡"中

案例分析

案例一

结构游戏：汽车展（中班）

一、游戏目标

1. 愿意与同伴一起体验不同汽车的建构乐趣。

2. 尝试运用拼插、错位连接、粘贴等技能，建构出不同种类的汽车。

3. 能发现建构过程中的问题并协商解决方案。

二、游戏准备

1. 经验准备：能够熟练搭建各种不同的汽车，具有一定的建构技巧。

2. 材料准备：大小不同的积木、积塑，各类纸盒、雪花片、泡沫地垫若干，上次建构的汽车模型，各种汽车行驶时的录音。

3. 环境准备：背景音乐《我是汽车小司机》。

三、指导重点

错位拼搭的方法；发现问题，并与同伴讨论，提出解决问题的方法。

四、游戏过程

1. 游戏导入

播放不同汽车行驶时的录音，引起幼儿兴趣。

2. 讨论游戏玩法

（1）出示幼儿上次建造的汽车。可选择公共汽车、卡车、救护车各一辆，让幼儿观察汽车的基本结构及建构的方法。

"这些汽车好在哪里？哪些地方需要改进？怎么改进？"

（2）讨论汽车有哪些基本类型，由幼儿选择自己喜欢的种类，分组用不同颜色的地垫划分各自的展位。

3. 幼儿游戏

（1）播放优美的音乐。

（2）幼儿在协商中合作搭建所选择的汽车类型。

（3）教师观察幼儿搭建的情况，根据需要及时指导。

（4）教师用手机有选择地为幼儿作品拍照。

4. 经验分享

（1）幼儿分享自己的收获，交流游戏中遇到的问题。

（2）教师用手机回放幼儿游戏的现场照片，有针对性地讨论并解决问题。

五、游戏延伸

1. 邀请其他班幼儿参观汽车展。

2. 可让幼儿搭建不同种类的汽车，或自由搭建汽车。

3. 可让幼儿使用低结构性材料构建汽车，如用茶叶罐、牙膏盒、药盒、纸箱等拼搭汽车车身，用瓶盖做轮子、橡皮泥做方向盘。

分析： 教师通过现代技术手段再现幼儿的作品，引导幼儿客观分析存在的问题，并协商解决，在巩固搭建技能的同时，促进幼儿沟通能力、解决问题能力的发展，游戏过程紧紧围绕游戏目标开展。接下来的车展及延伸活动，使整个游戏更加完整。低结构性材料的运用，为幼儿想象力与创造力的发展提供了空间。

案例二

结构游戏：我家的楼房（小班）

一、游戏目标

1. 综合运用平铺、垒高、围合、拼接等搭建方法。
2. 能用简单的搭建方法组合不同造型的楼房。
3. 体验自主搭建的成就感。

二、游戏准备

低结构性材料：易拉罐、薯片桶、露露瓶、旺仔瓶、木条。

三、游戏玩法

幼儿自选各种瓶罐等低结构性材料，利用平铺、垒高、围合、拼接等方法，搭建高楼。幼儿可独自搭建，也可以与同伴合作搭建。提醒幼儿游戏时要爱护材料，注意不要把别人搭建的房子碰倒。游戏后，请幼儿介绍自己的作品，与小朋友一起分享成果。

四、游戏过程

1. 以让幼儿谈论自己生活的小区中的楼房导入，激发幼儿搭建的兴趣。
2. 引导幼儿运用平铺、垒高、围合、拼接等搭建方法，大胆设计自己家的楼房，也可以设计围墙、房门、过道等装饰。教师巡回指导，重点观察幼儿运用的搭建方法。

五、游戏小结

小朋友们的楼房搭建得非常好，请大家到前面来分享自己的作品，说出用了哪些材料、有什么特别之处。老师要重点表扬浩浩小朋友，因为他在搭建的过程中动作很轻，没有碰倒其他小朋友的作品。老师还发现了一个问题，有的小朋友只用了一种材料搭建自己的楼房，希望下次可以运用更多的材料。

分析： 小班幼儿的建构较简单，使用日常生活中常见的物品作为游戏材料，对于小班幼儿来说易于收集、便于搬动，且容易施展垒高、平铺、围合、拼接等建构技能。教师在游戏过程中要鼓励幼儿使用多种材料进行搭建，使简单的搭建过程更加丰富多样，有助于提高幼儿的拼搭技能。

案例三

结构游戏：我为动物筑家园（大班）

一、游戏目标

1. 了解多样的建筑物，理解建筑物的概念，综合运用垒高、围合、封顶等搭建方法。

2. 能根据自己设计的图纸，搭建组合出成品。

3. 增强对事物的好奇心，乐于大胆探究和实验。

二、游戏准备

1. 材料准备：白纸、彩笔、低结构性材料、乐高积木、木条积木。

2. 经验准备：观看建造房屋的图片及相关视频。

三、游戏玩法

游戏开始，教师说："之前我们讲过小动物在冬天需要冬眠，但是没有适合的地方，我们要为它们搭建过冬的家。"全体幼儿自由分组，教师提出要求："看哪个小组搭建的楼房最高、最坚固、最有特色。"每个小组先讨论分工，再用平铺、围拢、垒高、镂空等方法，搭建出有特色、稳固的高楼，并给自己小组的建筑起个名字，与大家分享。教师拍照留念，游戏结束。

四、游戏过程

1. 通过提问，引发幼儿为小动物盖房子的兴趣："小动物为什么要冬眠？在哪里冬眠？我们能为冬眠的小动物做些什么呢？"

2. 幼儿按照自己的意愿为小动物设计房屋图纸，并投票选出最佳设计方案。

3. 幼儿按照意愿自由分组、分工，并根据设计图纸选取适合的材料进行搭建。教师巡回指导，针对各小组在搭建过程中遇到的问题，请幼儿思考："为什么楼房的墙一碰就倒？给小熊搭建的房子比小兔的房子还小，小熊住不进去怎么办？房屋搭建完了，你觉得还缺少些什么？"

五、欣赏与评价

搭建完毕，教师和幼儿共同欣赏作品，鼓励幼儿分享自己小组的作品，对大胆创新的小组提出表扬。游戏结束，各小组收送材料，有序整理。

分析： 以"我为动物筑家园"为主题，引导幼儿设计图纸，并按图纸进行搭建。教师充分调动大班幼儿善于沟通、积极思考的特点，将幼儿设计的图纸通过民主投票的方式加以筛选，体现幼儿游戏的自主性。这个年龄段幼儿的搭建技能较成熟，能够综合运用多种拼搭方式开展建构。最后以为建筑命名和与建筑物合影的方式，增强幼儿的成就感。

巩固与提高

一、选择题（每题1分，共5分）

1. （　　）不能作为结构游戏的材料。
   A. 纸　　　　　B. 面团　　　　　C. 毛线　　　　　D. 皮筋

2. 结构游戏可以发展幼儿的（　　）。
   A. 观察力　　　B. 小肌肉动作　　C. 创造力和想象力　　D. 以上都是

3. 以下不属于小班结构游戏特点的是（　　）。
   A. 活动目的明确　　　　　　　　B. 游戏坚持性差
   C. 小肌肉群和神经发育不完善　　D. 搭建内容单一，技能简单

4. （　　）是幼儿教师进行指导和评价、分析幼儿游戏行为的基本方法。
   A. 鼓励　　　　B. 评价　　　　　C. 示范　　　　　D. 观察

5. （　　）不是结构游戏的安全隐患。
   A. 狭窄的空间　　　　　　　　　B. 投放金属弹珠作为结构材料
   C. 幼儿独自整理结构材料　　　　D. 保教人员擅自离岗

二、判断题（每题1分，共5分）

1. 结构游戏与其他游戏最不同的显著特征之一，是需要技能的支撑。（　　）
2. 中班幼儿的建构技能是平铺、垒高和延长。（　　）
3. 大班幼儿要会看简单的平面图。（　　）
4. 结构游戏的场地应当远离通道，以使幼儿能够不受干扰地进行建构活动。（　　）
5. 保育员在结构游戏中的职责是整理结构材料并消毒。（　　）

学测评价

评分项目		评分标准	得分
专业知识与技能（60%）	结构游戏的特点	（1）能够说出结构游戏的定义（1分） （2）能够区分结构游戏与其他游戏的不同（1分）	
	结构游戏材料的投放	（1）能够为各年龄班投放结构游戏材料（4分） （2）明确材料投放与游戏行为的关系（2分） （3）说出各年龄班结构游戏材料的投放要点（3分）	
	结构游戏的年龄特点	根据实习经历并结合学习内容分析： （1）小班幼儿结构游戏的特点（2分） （2）中班幼儿结构游戏的特点（2分） （3）大班幼儿结构游戏的特点（2分）	
	结构游戏的观察与指导	（1）根据实习经历，分析教师的观察行为（3分） （2）明确观察要点，以不干扰幼儿游戏为前提开展观察（2分） （3）根据发现的问题适时指导（4分）	
	结构游戏的实践能力与创造性	（1）独立开展主题建构（3分） （2）自制七巧板等拼图（2分） （3）使用天然材料完成建构（3分）	
	结构游戏的保育	（1）能够组织幼儿收放整理结构游戏材料（2分） （2）能够及时发现破损的结构游戏材料，并进行处理（2分） （3）说出结构游戏安全隐患的排除方法（2分） （4）掌握常用结构游戏材料的清洗与消毒方法（3分）	
	结构游戏后的分享	（1）带领幼儿分享结构游戏过程（4分） （2）与幼儿一起完成游戏故事（3分）	
	课后习题	巩固与提高（10分）	
个人素养（40%）	学习态度	（1）尊重教师，积极与同学互动，体谅幼儿的感受（3分） （2）愿意分担各项任务（3分） （3）遇事积极思考，有质疑精神，勇于创新（4分） （4）善于倾听各方声音（3分） （5）乐于分享学习、实践经验（3分）	
	专业精神	（1）认识保育工作的重要性（2分） （2）能够积极投入专业学习中（4分） （3）实践中严谨、认真（4分） （4）遇事善于动脑和反思（5分）	
	信息获取	（1）熟悉信息收集方法（2分） （2）能够对需要的信息进行深度挖掘与筛选（3分） （3）利用有效的信息资源充实游戏活动（4分）	
分数		专业知识与技能： 个人素养： 总分：	

第三单元 表演游戏

表演游戏是幼儿喜爱的、富有创造性的一种游戏形式。在游戏中,幼儿通过制作道具和布景、协商角色、合作表演等,满足表演愿望,体会优美的语言,体验积极的情感,潜移默化地养成良好行为习惯和道德情操。幼儿园应为幼儿提供表演的机会与游戏的场所。

学习目标

【知识目标】

(1)了解表演游戏的概念及特点。
(2)掌握表演游戏与戏剧表演的区别。
(3)熟悉表演游戏的类型。
(4)掌握各年龄班幼儿表演游戏的特点和指导方法。

【能力目标】

(1)能根据表演游戏作品选择的原则,为幼儿挑选适合的作品。
(2)能根据作品内容投放表演游戏材料。
(3)能操纵布袋木偶和手指木偶进行故事表演。
(4)能借助音乐、语言等进行手影表演。
(5)能发现并处理游戏中的安全隐患。
(6)能协助教师组织和指导表演游戏。

【素养目标】

(1)认同表演游戏对幼儿成长的价值。
(2)喜欢表演,并积极参与各种表演活动。
(3)尊重幼儿的表演,善于倾听和理解幼儿在表演游戏中的体会。

> **情境导入**
>
> ### 星星剧场
>
> 　　为了满足孩子们的表演欲望，老师们布置了一块可供幼儿表演的场地，取名为"星星剧场"。户外活动后，孩子们进入表演区域，有的观察剧场的布置，有的摆弄服饰。
>
> 　　老师走进表演区，帮助孩子们复习了故事《小熊请客》的内容。
>
> 　　老师先询问了孩子们的意愿："谁愿意上来表演？"十几双小手高高举起。老师按角色数量选了几个举手的小朋友。表演开始，扮演小熊的孩子总是挠头，想不起来台词，老师一直在下面提醒，还不停地纠正其动作。扮演客人的几个孩子不停地摆弄桌面上的道具，忘记了对话，老师大声地阻止了这几个孩子的行为，使客人们有些不开心。
>
> 　　这是表演游戏吗？为什么？如果你是老师，你会怎样组织幼儿开展表演游戏？

知识储备

一、表演游戏的概念和特点

（一）表演游戏的概念

　　表演游戏是指幼儿按照故事中的情节扮演某一角色，用对话、独白、动作、表情等进行表演，再现文学作品内容的一种游戏形式。表演游戏的内容可以是幼儿自发创编的故事，也可以是他们经历过的事件。

　　表演游戏是幼儿以故事为线索展开的游戏活动，而在实践中往往存在这样的误区：幼儿随音乐表演舞蹈、模仿模特进行时装表演等都被认为是表演游戏。

（二）表演游戏的特点

1. 游戏性

　　表演游戏的本质是游戏，游戏性是表演游戏的首要特点。幼儿能在表演游戏中体验到游戏的快乐，无论其扮演什么角色、有没有观众。在表演中获得积极的情感体验是幼儿开展表演游戏的动力。

影响幼儿游戏性体验的外部条件有：幼儿是否有权利自主选择表演内容、形式，是否有充分的自由选择与谁一起参与表演、扮演哪些角色、运用哪种道具等；文学作品中的内容是否是幼儿所熟悉的，语言动作是否与幼儿的能力相匹配；幼儿是否寻求或担忧游戏以外的奖惩。因此，游戏时必须给幼儿充分的选择自由、表演自由，表演的内容与形式、创造与设计都应源于幼儿的生活经验。

2. 表演性

表演游戏是对文学作品的再现，这就要求幼儿运用一定的表演技巧来表现文学作品中的人物或动物，表情、动作、语气语调等要夸张，要符合表演的特性，但表演性并不是第一位的。

表演游戏兼具游戏性与表演性，这是它区别于其他游戏的根本特征。

3. 结构性

故事作为表演游戏的脚本规范着幼儿的行为，表演游戏中的人物、情节都以故事为依托。当然，幼儿也可以根据自己的经验，创造性地加以改动。

4. 综合性

表演游戏的形式多样，不仅可运用语言、动作等表现故事情节，还可将歌唱、舞蹈、操作道具等融入表演中。表演游戏的内容也较为丰富，木偶剧（布袋木偶、手指木偶、提线木偶等）、手影、双簧、桌面表演等都是幼儿喜欢的。

表演游戏是兼具表演性与游戏性的特点，但以游戏性为第一位的活动。幼儿从生硬的表演发展为生动的表演需要时间，教师要耐心等待幼儿表演技能的提升。同时，教师要多鼓励幼儿表演，多提供表演的机会，鼓励幼儿多观察生活，并给予日常的指导。

二、表演游戏的类型

（一）桌面表演

桌面表演是指幼儿在桌面就能够进行表演，借助对玩具或游戏材料的操作，使用口头语言完成的游戏。桌面表演的内容可以是儿童文学作品（故事、童话、童谣、诗歌、传说等），也可以是自编的故事，或源于现实经历。这种游戏多数由单人进行，也可以由多人来完成。使用的游戏材料可以是积木、橡皮等常见的物品，也可以是精心制作的玩偶，总之要小巧，便于幼儿拿取和操作。

桌面表演对幼儿的语言表达能力有一定的要求，因为在桌面上，只能通过语言和手上的操作进行表现。要求幼儿在理解作品内容的基础上，用不同音调、音色、节奏来表现角色性格特点和故事情节发展。随着幼儿年龄的增长，桌面表演的出现频率会逐渐增加。

（二）木偶表演

木偶指用木、纸、布等材料制成的玩偶，包括人偶、布袋木偶、手指木偶、提线木偶和棍杖木偶等几种形式。人偶表演（见图3-1）是人穿着相应的服饰（人物、卡通形象、动物等），扮演角色，参与表演。人偶服饰的造型逼真，制作时要考虑幼儿的身材比例和年龄特点，选择颜色鲜艳、质地柔软且透气的材料。布袋木偶表演（见图3-2）是幼儿通过手指、手掌的活动来进行操作的表演。在表演时，表演者最好隐藏在幕布（最好是素色）后，以免分散观众的注意力。手指木偶表演（见图3-3）是幼儿在手指上套上简单的布袋等，或直接在手指上画一个角色形象进行的表演。手指木偶可以用小瓶子、盒子、蛋壳、泥等材料制作，用瓶子、盒子时一定要考虑幼儿手指的粗细，以免卡住；如果用蛋壳作为手指木偶，可在蛋壳上绘制角色形象。提线木偶和棍杖木偶的操作较复杂，幼儿独立操作有一定的难度，一般以成人表演为主。幼儿园可大量购置布袋木偶、手指木偶及人偶的服饰，也可以引导幼儿在教师的指导下自己制作。

图3-1　人偶表演

图 3-2 布袋木偶表演

图 3-3 手指木偶表演

（三）影子戏表演

影子戏表演一般分为人影、手影、皮影、纸影等，是根据光学原理，通过光的作用，利用物体的阴影来进行的表演。人影和手影表演（见图 3-4）是以人身体的不同角度和手的动作造型所形成的影子进行的表演。皮影和纸影表演是以皮革和纸为材料制造影子，借助杆子或绳子进行操作的表演，要求材料的透光性一定要好。影子戏表演对语言表达能力、手眼协调能力、动手操作能力、分工合作能力及相互协调能力都有较高的要求，在幼儿园中可根据实际情况酌情选择，或由教师集体操作，幼儿观赏。

图 3-4　手影表演

（四）小舞台表演

上述表演游戏都属于小舞台表演（见图 3-5），这是幼儿园中最常见、最普遍的一种表演游戏的形式。小舞台可以是搭建好的、占地不大的舞台，也可以是头脑中的"舞台"。小舞台表演可以放在各班级的区角活动中，只需要几平方米的场地，准备一定数量的服饰材料，如眼镜、头饰、各类服装等。

图 3-5　小舞台表演

三、各年龄班表演游戏的特点与指导

（一）小班

1. 特点

小班幼儿对童话感兴趣，特别是动物类的故事；还没有独自选择表演内容、环境创设、合作表演的意识。

2. 指导方法

为小班幼儿选择的故事要情节单一、语言简短且重复、动作易于表现（见图3-6）。小班幼儿还没有学会真正意义上的表演，教师要积极地创设环境，帮助幼儿理解故事内容，通过道具、服饰的使用将幼儿带入故事情节。小班幼儿的表演要靠教师的引导，或模仿教师的表演。在幼儿对故事内容熟悉的前提下，教师可以指定幼儿扮演其中的角色，帮助幼儿回忆故事内容及台词。还可以让幼儿讲述故事中的一个片段，或模仿其中一个角色的典型动作、表情等。

图3-6 小班表演游戏

总之，小班幼儿的表演停留在对故事中角色动作、语气、神态的模仿上，教师可以通过引导幼儿观察生活或示范，来丰富幼儿的表演经验，为中、大班真正进入表演游戏做准备。

(二)中班

1. 特点

(1) 在有道具的情况下,中班幼儿能够自行分配角色,但进入游戏的过程较慢,要经过一段时间的无所事事或嬉戏打闹,才能进入游戏的计划、协商阶段,注意力容易被道具、服饰、同伴等所影响。

(2) 游戏的目的性、计划性差,需要教师提示才能坚持游戏主题。

(3) 游戏中的角色更换意识不强,以一般性表现(说话语气平淡,表情单一)为主,生动性表现(能用夸张但适宜的语气、语调、动作、表情等逼真、形象地表现角色)很少,以动作为角色表现的主要手段,较少运用语言、表情来表现角色。

2. 指导方法

(1) 在组织表演游戏的初期,选择适合表演的文学作品很重要,应为中班幼儿选择适合这个年龄段认知特点的、情节紧凑、逻辑紧密、语言简洁且便于记忆、利于模仿的故事材料。

(2) 为幼儿提供固定且相对封闭的空间,时间安排不少于30分钟,便于幼儿开展游戏、体验表演的乐趣(见图3-7)。因幼儿进入角色较慢,教师可适当提醒。

(3) 道具材料不宜过多,以免干扰幼儿游戏、分散幼儿注意力。鼓励幼儿专心致志地表演,不轻易更换内容。教师不宜过多打断、干扰游戏过程,否则不利于幼儿全身心地投入表演。

(4) 游戏结束后,可组织幼儿进行讨论和评价。

图3-7 中班表演游戏

（三）大班

1. 特点

（1）大班幼儿能够独立分配角色，形成角色认同。能够马上进入游戏协商、计划阶段，就游戏的规则、情节、出场顺序等进行协商。

（2）大班幼儿有较强的目的性和计划性，有较强的角色意识，能够自觉等待上场。能注意到表演的语音语调、动作等与日常语言动作的区别，生动性表现增多，能够根据自己的理解塑造角色、调整对白与动作，有一定的表演意识与技能。

（3）在游戏过程中，演完一轮后往往会通过协商更换角色，体现"计划—协商—合作表演—再计划—再协商—再合作表演"的特点。

2. 指导方法

（1）大班幼儿的各方面能力都有了很大的提高，在选择文学作品时，可以选择内容较复杂的，如一些经典童话作品。鼓励幼儿大胆改编，按照自己的方式展现故事内容（见图3-8）。

（2）为幼儿提供更多的原始材料、道具，让幼儿参与到道具的制作过程中来，为幼儿提供充足的时间与空间。

（3）鼓励幼儿自行管理舞台，减少教师对游戏的干预，让幼儿自己协商、决定并解决问题。

（4）游戏结束时，教师根据自己的观察与记录组织幼儿讲评。在评价幼儿表现时以鼓励为主，对幼儿的表现给予充分的肯定。

（5）鼓励并指导大班幼儿进行双簧表演。

图3-8　大班表演游戏

四、适合表演的儿童文学作品

（一）作品选择的原则

为幼儿选择适合表演的优秀儿童文学作品是开展表演游戏的前提，适合开展表演游戏的儿童文学作品应具备如下特点。

1. 语言优美简洁、重复性强

幼儿的记忆方式大多是无意记忆，多重复是使幼儿记住故事情节、熟悉角色对话的方法。语言简洁便于幼儿掌握故事内容，减少对故事理解的偏差。如适合中班幼儿表演游戏的故事《金色的房子》、适合小班幼儿表演游戏的故事《拔萝卜》等，都是若干角色反复重复同一句台词，能使幼儿很容易就掌握角色的对话。

2. 角色性格鲜明

鲜明的角色性格使故事内容更加丰满，给观众留下很深的印象，也使幼儿较容易理解和表现。如《小猪变干净了》中的小猪，它是一个不讲卫生的小朋友，经过其他小动物的劝告，最终变得爱干净了。通过对小猪外貌、动作、语言的生动描写，这只脏兮兮的小猪给幼儿留下了深刻的印象。

3. 故事情节有起伏

如果一个故事情节平缓、没有起伏，或者刚刚开了个头，就已经知道结局了，那就不会让听故事的人产生兴趣，更不会使幼儿产生表演的欲望，如《小马过河》这一则童话故事，情节上有反转，角色之间有冲突，很容易将幼儿带入故事情节中，引发幼儿思考，从而提升幼儿对表演游戏的兴趣。

4. 思想内容健康

虽然表演游戏区别于戏剧表演，不追求传达价值观念，但向上、健康的思想内容会对幼儿产生积极的影响。

5. 对白、动作较多

幼儿在表演时主要通过对话、动作、表情来表现故事内容，较多的对白、动作是展现角色性格特征的主要手段，也是幼儿开展表演游戏的依托。没有对白与动作，表演就无从谈起。

6. 蕴含科学知识

如果表演游戏兼具科普的功能，会使更多的小朋友们喜欢参与、观看。同时，运用表演的形式将科学知识传递给幼儿，寓教于乐，将是一个愉快的过程。这种表演游戏适合在大班幼儿中开展，如《小蝌蚪找妈妈》《种子的旅行》等。

（二）适合表演的儿童文学作品

适合小班幼儿表演的儿童文学作品：《拔萝卜》《小猪变干净了》《下雨了》《大靴子》《小鸡生病》等。

适合中班幼儿表演的儿童文学作品：《金色的房子》《三只小鸡》《三只小猪盖房子》《三只蝴蝶》《小熊拔牙》《小兔乖乖》《救小鸭》等。

适合大班幼儿表演的儿童文学作品：《小马过河》《小蝌蚪找妈妈》《种子的旅行》《聪明的乌龟》《没有牙齿的大老虎》《我知道》《金鸡冠的公鸡》等。

此外，一些优秀的神话故事、成语故事、寓言故事、动画片等也可为幼儿提供表演的素材。

五、表演游戏的保育

（一）游戏场地的要求

保教人员要根据幼儿的人数及表演内容的需要，为幼儿提供相应的场地，确保场地宽敞、洁净，避免拥挤引发意外。幼儿园可设置专用的表演游戏室，并备有常用的道具、服饰等，如不具备表演游戏专属活动室，可在班级活动室内或较宽敞的空闲场地设置。保教人员要提前对场地进行卫生清理，做到无杂物、地面整洁无灰尘。道具、服饰要便于幼儿拿取。

（二）游戏中的安全隐患

1.服饰

保教人员要随时关注幼儿在表演游戏中穿戴的服饰。裤脚、袖子、腰带等过长要及时处理，帽子等头饰过大要及时修改，以免遮住幼儿眼睛造成意外。提前检查服饰上的珠子、亮片等装饰物，如发现有松动或脱落，要及时缝补，避免影响美观和幼儿表演积极性，也预防幼儿将装饰物放入鼻孔、耳眼或吞咽，造成意外伤害。另外，还要注意随季节和温度的变化更换表演服饰，如夏季要为幼儿提供轻薄、透气的服饰。

2. 工具

我们提倡幼儿自制表演游戏的道具，可利用硬纸板、彩色卡纸等，通过剪、折、粘等方式制作，这就难免使用尖锐的工具。保教人员要教给幼儿正确使用剪刀、裁纸刀等工具的方法，帮助幼儿养成使用工具后及时收纳的习惯。不再使用的纸张、胶棒、裁剪工具等要及时清理出表演游戏区，避免幼儿无意间触碰，造成伤害。

（三）游戏后的收拾和整理

表演游戏后，保教人员要提醒幼儿将道具收回原处，一般是墙角等隐蔽的地方。服装要叠整齐，放于衣柜中，或是用衣架悬挂，置于服饰收纳架上；头饰、手指木偶等放于收纳箱中，便于下次拿取。

表演游戏中使用的服饰、布质玩偶等要经常清洗消毒，避免积攒大量灰尘、螨虫，引起幼儿过敏。

> **知识拓展**
>
> ### 表演游戏与角色游戏、戏剧表演的比较
>
> 表3-1和表3-2为表演游戏与角色游戏的比较和表演游戏与戏剧表演的比较。
>
> 表3-1　表演游戏与角色游戏的比较
>
> | 对比 | 评价项目 | 表演游戏 | 角色游戏 |
> |---|---|---|---|
> | 不同点 | 主题、内容的来源 | 自编故事、儿童文学作品、自己的经历 | 社会生活经验 |
> | | 结构性与规则 | 受故事限制，结构性强，角色、情节较固定 | 更自由，角色可增减，情节可变化，但要符合社会生活实际，规则不如表演游戏明显 |
> | 相同点 | 都是通过语言、动作、表情等扮演角色；都属于象征性游戏 | | |
>
> 在角色游戏中，幼儿可以随意切换游戏主题，如娃娃家的妈妈下班后去超市购物，游戏内容是随着游戏过程的深入而丰富和发展的，事先并不需要达成一致。

表 3-2　表演游戏与戏剧表演的比较

对比	评价项目	表演游戏	戏剧表演
不同点	本质	游戏	表演
	结构与规则	幼儿按自己对故事的理解展开表演	导演、演员、剧本、剧场、观众等相互作用的产物
	思想性	幼儿自娱自乐的活动，不传达思想观念	追求价值观的体现
	观众	可有可无，不在乎观众的评价	要获得观众的认可；观众的评价影响演员的表演
相同点		根据文学作品内容进行再现；同时运用语言、肢体动作等	

由表 3-2 可见，对表演游戏本质的认识是表演游戏组织与开展的关键。如果把表演游戏定位在游戏上，孩子们就能发挥创造力来塑造角色、准备道具、选择场地，充分发挥自身的积极性与主动性，教师只是游戏的支持者、观察者、参与者。如果把表演游戏定位在表演上，幼儿就会因为一味地追求表演得好不好、像不像，而对表演游戏失去兴趣，体验不到游戏的快乐，变成只注重表演效果的"演员"，教师也成了指挥幼儿表演的"导演"和评判表演技能好坏的"观众"。

案例分析

案例一

表演游戏：拔萝卜（小班）

一、游戏目标

1. 对观看同伴的表演有兴趣，并有模仿他人表演的欲望。

2. 熟悉游戏场景，能根据故事内容开展对话。

3. 遇到不能独立解决的问题，知道寻求帮助。

二、游戏准备

1. 经验准备

（1）通过倾听故事，幼儿已对《拔萝卜》的故事非常熟悉。

（2）幼儿已在游戏前确定自己想扮演的角色。

2. 材料准备

（1）服饰道具：树、萝卜、白色假发、眼镜框、拐杖、小猫和小狗的头饰。

（2）场地布置：一片萝卜地。

（3）其他准备：各角色图片。

三、指导重点

1. 鼓励幼儿大声、清楚地说出角色的对话。

2. 引导幼儿学会认真观察同伴的表演，发现别人表演得好的地方。

四、游戏过程

1. 游戏导入——集体熟悉角色语言

（1）教师出示萝卜图片，提问："这是什么？生长在哪里？萝卜成熟了，老爷爷拔不动，他是怎么说的？接下来有谁来了？他们都是怎么说的？"

（2）教师依次出示老爷爷、老奶奶、小狗、小猫、小姑娘的图片，幼儿按照自己扮演的角色熟悉对话。

2. 幼儿游戏

（1）教师也扮演一个角色，和幼儿一起表演。对其他的小观众提出观看重点及安静观看的要求。

（2）请声音洪亮、表述清晰的幼儿示范表演，并请小观众一起学一学。

（3）表演结束后，指导幼儿将服饰及道具放在相应的收纳箱中。

3. 分享讨论

（1）幼儿尝试表达自己在游戏中的感受。

（2）教师总结本次游戏，如"小朋友们把故事中的对话记得很清楚，拔萝卜的动作也很用力，最后抬萝卜的时候，大家一起很轻松地就把萝卜抬走了。以后我们遇到难题，也要请人来帮忙，好吗？"

（3）提出新的问题，如"还没上场的角色在等待上场时会做什么？"请小朋友出来展示。

五、游戏延伸

1. 在教师的组织下讨论：萝卜被抬回家后，老爷爷和老奶奶是怎么处置它的？

2. 在日常生活中感受别人对自己的帮助，体验被帮助的喜悦。

分析：《拔萝卜》是一个小朋友们耳熟能详的故事，语言简短、重复性强，角色是幼儿生活中常见的。在表演时，幼儿边做动作边对话，还可配合演唱。教师通过提问，帮助幼儿回忆故事内容。小班幼儿的表演还不是很生动，这又是幼儿熟悉故事后的第一次表演，主要目的是让幼儿能够清楚、大声、准确地说出对话内容，让幼儿喜欢上表演游戏。

案例二

表演游戏：救小鸭（中班）

一、游戏目标

1. 能较连贯地讲述故事。

2. 尝试与同伴分角色表演故事。

3. 体验齐心协力帮助小鸭的快乐心情。

二、游戏准备

1. 材料准备：《救小鸭》故事图片若干、动物头饰、水桶、木棍。

2. 经验准备：幼儿提前练习，较熟练地讲述故事《救小鸭》。

三、游戏玩法

出示《救小鸭》故事挂图，和幼儿一起回顾并讲述故事，共同商量角色的分配、怎样表演等，再根据幼儿的意愿分组表演。教师重点指导幼儿大胆讲述、与同伴合作、较形象地扮演角色，最后与幼儿交流、评价表演。

四、游戏过程

1. 出示《救小鸭》故事图片，和幼儿共同复习故事，进一步熟悉故事内容及角色之间的对话："故事里都有谁？发生了什么事情？小动物们都用了什么方法来救小鸭？"

2. 幼儿自由分组，教师鼓励幼儿通过协商的方式分配角色进行表演，重点指导幼儿大胆讲述、与伙伴合作、较形象地扮演角色,并引导幼儿在表演的过程中体验齐心协力帮助小鸭的快乐心情。

3. 交流评价:"你最喜欢哪组小朋友的表演?他们的表演好在哪里?"教育幼儿在生活中遇到朋友有困难,也要互相帮助。

分析: 中班幼儿已有协商分配角色的能力,表演技能大大提升,能够自如地扮演角色、表现情节。教师的指导重点是让幼儿大胆讲述、生动形象地表演。游戏后的交流评价为幼儿提供互相学习与总结的机会,并提出素养目标,即遇到困难要互相帮助。

案例三

表演游戏:小蝌蚪找妈妈(大班)

一、游戏目标

1. 尝试与同伴合作进行故事表演。

2. 能用不同的语调语气表现不同的角色。

3. 体验合作表演的乐趣。

二、游戏准备

1. 材料准备:《小蝌蚪找妈妈》故事书、头饰若干。

2. 经验准备:幼儿初步了解故事情节、角色及角色之间的对话。

三、游戏玩法

出示故事书,引导幼儿边看故事书边复述故事。出示动物头饰,引导幼儿自选角色,分成若干小组,练习合作表演故事。

四、游戏过程

1. 教师利用故事书,和幼儿一起复述故事,进一步帮助幼儿熟悉故事内容及角色之间的对话,并有感情地练习讲述:"《小蝌蚪找妈妈》讲了一个什么样的故事?小蝌蚪在找妈妈的过程中先后遇到了谁?它们都说了什么话?"

2. 幼儿自由分组,通过协商的方式分配角色进行表演,教师重点指导幼儿用不同的语调语气表现不同的角色。如小蝌蚪想找妈妈，询问鱼妈妈时要用着急而又礼貌的语气，而鱼妈妈在回答时语速要慢，要用关心的语气。

3. 幼儿与教师共同总结，对有进步的幼儿给予肯定，鼓励幼儿对下一次表演提出建议（如表演的背景可以更漂亮一些；穿小动物服装进行表演；表演的声音再大一点，并加上动作等）。

分析：这是一个科学知识与童话故事相结合的表演游戏，大班幼儿对于科学的探索充满兴趣，这类表演游戏既能使幼儿巩固表演技能，又能满足幼儿对科学知识的渴望。幼儿对故事内容及对话已经较熟悉，教师重点指导不同角色的语调语气，使幼儿在生动表演的同时注重细节的把握。

巩固与提高

一、选择题（每题1分，共5分）

1. 以下（　　）不是幼儿表演游戏的类型。

   A. 手指木偶表演　　　B. 皮影戏　　　　　C. 手影表演　　　　　D. 娃娃家

2. （　　）是小班表演游戏的特点。

   A. 情节单一，语言简单重复　　　　　B. 有较强的目的性和计划性

   C. 有较强的角色意识　　　　　　　　D. 能够自行轮换扮演角色

3. 中、大班表演游戏的时间大约为（　　）。

   A. 20分钟　　　　　B. 30分钟　　　　　C. 40分钟　　　　　D. 60分钟

4. 适合幼儿表演的文学作品要（　　）。

   A. 角色性格鲜明　　　　　　　　　　B. 故事情节有起伏

   C. 思想内容健康　　　　　　　　　　D. 以上都有

5. 创造性游戏的过程中，教师的定位是（　　）。

   A. 游戏环境的创设者　　　　　　　　B. 游戏的观察者和支持者

   C. 游戏材料的提供者　　　　　　　　D. 讨论的组织者和发问者

二、判断题（每题1分，共5分）

1. 表演游戏属于创造性游戏，所以教师不要介入幼儿游戏，以免影响幼儿的创造性。

   （　　）

2. 表演游戏的脚本是儿童文学作品，角色游戏是现实生活的反映。　　　　　（　　）

3. 表演游戏与戏剧表演的本质区别是有无观众。

4. 《拔萝卜》适合大班幼儿表演。　　　　　　　　　　　　　　　　　　　（　　）

5. 保教人员要及时发现并处理游戏中的不安全因素。　　　　　　　　　　　（　　）

学测评价

评分项目		评分标准	得分
专业知识与技能（60%）	表演游戏的特点	（1）说出表演游戏的定义（1分） （2）区分表演游戏与角色游戏、戏剧表演的不同（1分） （3）了解幼儿表演的一般规律（1分）	
	表演游戏的准备	（1）能够为各年龄班幼儿选择表演游戏作品（2分） （2）帮助幼儿理解以记忆作品内容（2分） （3）说出表演游戏材料的投放要点（3分）	
	表演游戏的年龄特点	根据实习经历并结合学习内容分析： （1）小班幼儿表演游戏的特点（2分） （2）中班幼儿表演游戏的特点（2分） （3）大班幼儿表演游戏的特点（2分）	
	表演游戏的观察与指导	（1）根据实习经历，分析教师的观察行为（3分） （2）协助幼儿分配角色（2分） （3）发现问题适时指导（4分）	
	表演游戏的实践能力与创造性	（1）为表演制作头饰、提供相应道具（3分） （2）表演影子戏（4分） （3）为舞台表演收集素材，并能生动地进行表演（4分）	
	表演游戏的保育	（1）能够修补破损的表演游戏材料（3分） （2）为幼儿提供适合表演的空间（2分） （3）掌握常用表演游戏材料的清洗与消毒方法（2分）	
	表演游戏后的分享	（1）带领幼儿分享表演游戏过程（4分） （2）与幼儿一起完成游戏故事（3分）	
	课后习题	巩固与提高（10分）	
个人素养（40%）	学习态度	（1）尊重教师，积极与同学互动，体谅幼儿的感受（3分） （2）愿意分担各项任务（3分） （3）遇事积极思考，有质疑精神，勇于创新（4分） （4）善于倾听各方声音（3分） （5）乐于分享学习、实践经验（3分）	
	专业精神	（1）认识保育工作的重要性（2分） （2）能够积极投入专业学习中（4分） （3）实践中严谨、认真（4分） （4）遇事善于动脑和反思（5分）	
	信息获取	（1）熟悉信息收集方法（2分） （2）能够对需要的信息进行深度挖掘与筛选（3分） （3）利用有效的信息资源充实游戏活动（4分）	
分数	专业知识与技能：	个人素养：　　　　　总分：	

第四单元 智力游戏

规则游戏在儿童发展的过程中出现较晚,但持续时间较长,在学龄期的孩子中也很常见,甚至成人也会玩规则游戏。像智力游戏中的棋类游戏、体育游戏等,都是典型的规则游戏。

智力游戏是规则游戏的一种,能够锻炼幼儿手、眼、脑的灵活性和协调性,增强幼儿的逻辑分析能力和思维敏捷性,同时具有较强的娱乐性。

学习目标

【知识目标】

(1) 了解智力游戏的概念及特点。
(2) 熟悉智力游戏的类型。
(3) 掌握各年龄班幼儿智力游戏的特点和指导方法。

【能力目标】

(1) 能根据幼儿年龄特点,为幼儿选择适合的智力游戏。
(2) 能根据游戏内容投放材料。
(3) 能设计走迷宫等训练思维能力的游戏。
(4) 能设计和创编训练观察力、注意力、记忆力的游戏。
(5) 能发现并消除游戏中的安全隐患。
(6) 能协助教师组织和指导智力游戏。

【素养目标】

(1) 正确认识智力游戏对幼儿成长的价值。
(2) 懂得保育专业对幼儿智力游戏发展的影响,增强责任感。
(3) 积极沟通,通过协商解决学习过程中遇到的问题。

> **情境导入**
>
> ### 好玩的扑克牌
>
> 在班级的玩具架上，教师投放了大量的扑克牌和小木棒，这是怎么回事呢？
>
> 教师发现最近班级中的孩子们特别喜欢玩扑克，而扑克牌里蕴藏着大量的游戏契机。扑克牌本身是有花色之分的，可以让幼儿按花色进行分类；还可以按照扑克牌上的数字进行由小到大或由大到小的排序；可以你抽一张、我抽一张，翻过来比大小；可以将扑克牌上的数字与小木棒的个数对应起来；可以随机拿一摞，猜猜是几张……
>
> 幼儿在扑克牌游戏中学会了判断、比较、分类、排序、点数，对轻重、薄厚、一一对应等概念有了体验，同时锻炼了注意力、观察力和逻辑思维能力。

知识储备

一、智力游戏的概念、结构及特点

（一）智力游戏的概念

长期以来，人们对智力的解释有着不同的看法，影响较大的是美国心理学家加德纳提出的多元智力理论。他认为智力由语言智能、逻辑数学智能、音乐智能、空间智能、人体运动智能、人际关系智能、自我反省智能和自然观察智能这八种相对独立的内涵要素构成。每一种智能都有与之相适应的职业，如语言智能强的人适合从事作家、新闻工作者、演说家等职业；逻辑数学智能强的人适合从事数学家、科学家等职业；音乐智能强的人适合从事演奏家、歌唱家等职业；空间智能强的人适合从事画家、航海家、建筑师等职业；人体运动智能强的人适合从事舞蹈家、运动员等职业；人际关系智能强的人适合从事商人、谈话类主持人、律师、推销员等职业；自我反省智能强的人适合从事哲学家、思想家、政治家等职业；自然观察智能强的人适合从事天文学家、生物学家、考古学家等职业。

智力是指认识、理解客观事物并运用知识、经验解决问题的能力，主要包括观察力、记忆力、想象力、思考力与实践活动能力，可分为一般能力和特殊能力两种。人完成各种活动所必需的基本能力是一般能力，如观察力、记忆力、想象力、思考力、实践活动能力；特殊能力是指在某些专业活动中表现出的能力，如艺术表现力、音乐感知力、色彩鉴别力、组织领导能力等。一般能力应该是智力游戏的主要内容。

需要注意的是，虽然智力游戏是发展一般能力的游戏，但在幼儿园中，教师要对有特殊能力的幼儿加以关注与引导。

（二）智力游戏的结构

智力游戏一般由游戏目的、游戏玩法、游戏规则及游戏结果构成。

1.游戏目的

游戏目的也是游戏的任务，是游戏者最终要达到的目标。游戏任务要根据幼儿已有的认知发展水平和智力发展水平来确定。不同年龄班的智力游戏不尽相同，即便是同一个智力游戏，对不同年龄班也要制订不同的游戏任务。如在认识动物的智力游戏中，小班幼儿要正确说出动物的名称，大班幼儿则不仅要准确说出动物的名称，还要说出这种动物的生活环境、饮食习惯等。

2.游戏玩法

游戏玩法是指游戏的具体操作方法，是对幼儿活动的要求。在游戏玩法中要说明游戏如何开始、过程怎样进行、何时结束。玩法的设计要有趣味性，这是幼儿积极参与并坚持完成游戏的保障。要充分考虑幼儿的年龄特点，调动幼儿的各种感官，不能太复杂和烦琐，可由易到难、由浅入深、由快到慢，要易于幼儿操作。如在小侦探的智力游戏中，幼儿要通过观察、记忆、再现，迅速找出服饰有变化的幼儿，还可以通过交换服饰、改变服饰数量等方式，增加游戏难度。

3.游戏规则

游戏规则是指游戏过程中，游戏者需要遵守的行为准则或游戏方法的限定。它是游戏目的达成的保障，也是游戏顺利进行的保证，如果不遵守游戏规则，游戏就无法开展。如听音辨人的智力游戏规则是猜人者要紧闭双眼或蒙住双眼，只能通过听觉来辨别。同时，游戏规则也要符合幼儿的年龄特点。小班游戏大都通过使用实物、玩具和简单的动作来完成，中、大班则逐渐要求多运用思维、语言进行游戏，或采用竞赛的方式，或在一个游戏中设置规则不同的几个任务。游戏规则能够增加游戏的趣味性和挑战性，提高幼儿参与游戏的积极性和坚持性。

4. 游戏结果

游戏的结果体现游戏目的和游戏任务完成的情况。游戏任务的完成，可让幼儿有极大的自信心和满足感，良好的游戏结果还可激发幼儿继续游戏的兴趣和愿望。游戏的结果在一定程度上反映了幼儿掌握知识和智力发展的情况。游戏的结果以幼儿能够自主判断为宜，如是否完成了游戏任务、是否取得了游戏的胜利，最好不需要成人的评判。

教师在评价幼儿游戏时，要以肯定、鼓励为主，不能只看重游戏结果的呈现，要更注重幼儿在游戏过程中表现出来的良好的思维习惯、思维方式和积极参与的愿望。

（三）智力游戏的特点

1. 益智性

智力游戏的根本任务是通过游戏的形式促进幼儿多种智能的发展，开发幼儿的智力因素，发掘幼儿的潜能。使每个幼儿都能得到发展，是智力游戏的终极目标。益智性应该是智力游戏设计时的主要参考因素，同时也决定了智力游戏的类型，如发展观察力的游戏、发展想象力的游戏、发展思维能力的游戏等。

2. 趣味性

智力游戏是一种相对较安静的游戏，需要具有一定的趣味性。幼儿的年龄特点决定了他们的注意力集中时间较短，且容易转移，有趣的游戏能够吸引幼儿的注意力，调动幼儿游戏的积极性，并能保持幼儿游戏的持久性。如果智力游戏没有趣味性，不仅会使幼儿的游戏积极性降低，不能专注于当下，还容易使幼儿疲劳。

如何做到具有趣味性呢？首先，在游戏内容的选择上，要选取幼儿较熟悉的、能引起幼儿情感共鸣的内容，如扑克牌是幼儿园中经常用到的智力游戏教具，用扑克牌来找规律，幼儿会更加有兴趣。其次，要充分调动幼儿的各种感官参与游戏，如触觉、嗅觉、味觉、视觉、听觉。最后，在游戏难度的设计上要循序渐进。刚刚接触的游戏玩法、规则要简单、易操作，熟练掌握了之后再逐渐增加难度。

3. 挑战性

智力游戏要具有一定的挑战性，才能激发幼儿完成任务以后继续游戏的愿望和兴趣。即使是同样的游戏任务、相同的玩法，规则不同也可以带来不同的挑战。如在猜猜是什么的智力游戏中，准备几种常见的水果，将幼儿的眼睛蒙住，让幼儿通过摸和闻猜出水果的名称，增加难度后，幼儿只能通过触摸猜出水果名称。在发展注意力与记忆力的游戏中，可以通过控制观察的时间或增加观察的物品数量来增加挑战的难度。

教师在组织、设计智力游戏时，要充分认识到这些特点，为幼儿呈现有趣、益智又富有挑战性的游戏，从而发展幼儿智力水平。

二、智力游戏的类型

（一）训练感官的智力游戏

人体主要有五种感觉器官，具体包括听觉器官、视觉器官、嗅觉器官、味觉器官和触觉器官。训练感官的智力游戏主要是训练幼儿这五种感觉器官的灵敏性。感觉器官越灵敏，就越容易获得更多的信息，感性经验也就越丰富。新生儿期、婴儿期主要是通过口对事物的接触来感知世界的，随着年龄的增长，学龄前儿童是通过对新鲜事物的探索来认识世界、发掘事物规律的，探索的过程就需要各种感官参与。训练感官的智力游戏（见图4-1）也是最早出现的智力游戏，深受低龄幼儿的喜爱。如听听谁来了、尝尝是什么、摸摸是什么的游戏分别训练听觉、味觉和触觉，要求幼儿准确说出听到的是谁、品尝到的是什么水果、摸到的是什么物品，要对幼儿不正确的发音予以纠正，特别是平翘舌音、鼻音等。

图4-1　将水果放在相应的位置

（二）发展注意力和记忆力的智力游戏

日常生活中学习、工作等都需要注意力和记忆力的参与，良好的注意力和记忆力是完成学习任务和工作任务的保证。学龄前儿童注意力的集中时间较短且易被干扰，处于无意注意向有意注意、无意记忆向有意记忆发展的过程。发展注意力（见图4-2）和记忆力（见图4-3）的智力游戏内容主要是对实物、图片、数字、词汇等识记后，进行再认与再现，对于帮助幼儿顺利完成这一转化起着重要的作用。

图4-2　小猫找鱼

图4-3　走迷宫

（三）发展想象力和创造力的智力游戏

想象是对头脑中已有的表象进行加工改造，形成新形象的心理活动过程。"知识是有限的，而想象力是知识进化的源泉"，世上一切发明都离不开想象力。想象力与创造力是密切相关的，想象是创造的基础，没有想象力，一般思维是不可能产生创造性活动的。幼儿期是创造性思维发展的重要时期，幼儿的年龄特点决定了他们更擅长想象活动。

如将图形或动物的一部分隐去，要求幼儿根据已有的生活经验添补完整（见图4-4）。如果是补全动物或人物，最好将其典型特点隐去，如大象的耳朵、猴子的尾巴、小学生的红领巾、老爷爷的拐杖和老花镜等。还可以给幼儿准备画笔、画纸、剪刀等，让他们根据自己的想象，任意画出、剪出自己想要的图案。也可以给幼儿实物，如绳子、各种几何图形等，让幼儿随意摆出喜欢的造型。

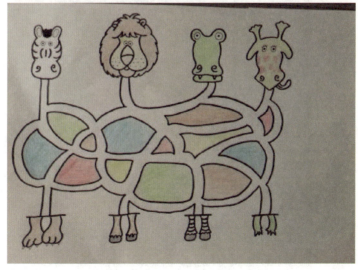

图4-4　为小动物找身体

（四）发展思维能力的智力游戏

发展思维能力的智力游戏主要包括分类游戏、比较游戏、排列游戏、推理游戏、判断游戏等，如故事排序、看图说话（见图4-5、图4-6）、给物品分类、找规律等。这类游戏要求幼儿有丰富的生活经验和较高的认知水平，通过分析、比较、判断等思维活动完成游戏。

图4-5　故事排序

图4-6　看图说话

三、各年龄班智力游戏的特点与指导

（一）小班

1. 特点

（1）小班幼儿的智力游戏（见图4-7）规则要简单，要求要具体而明确。

（2）需要借助实物开展智力游戏，游戏的趣味性要大于实际操作性。

（3）理解能力差，但模仿能力强。

2. 指导方法

（1）根据小班幼儿的年龄特点和认知水平制订游戏规则。

（2）多开展实物操作性游戏并逐渐增加难度，以提升游戏的趣味性。

（3）以示范为主、讲解为辅，组织和指导幼儿游戏。

（4）重视培养幼儿的游戏兴趣与意识，注意游戏过程的开展。

图 4-7　小班幼儿的智力游戏

（二）中班

1. 特点

（1）中班幼儿能够操作较复杂的玩具，自控能力有较大的提高。

（2）能够理解并遵守规则，能够完成较复杂的任务。

（3）对未知世界的好奇心显著增强。

2. 指导方法

（1）注重游戏的坚持性，激发幼儿游戏的积极性。

（2）锻炼幼儿手脑并用，促进其思维的灵活性与敏捷性，以发展智力为最终目标。

（3）为中班幼儿选择难度适中的智力游戏（见图4-8），内容上要有知识含量，方法上要灵活多样，以促进幼儿思考为前提。

图4-8　中班智力游戏

（三）大班

1. 特点

（1）大班幼儿对知识的渴望大大增加，创造性和逻辑思维能力有很大提升。

（2）具备合作、协商等交往技能。

（3）能较长时间做自己喜欢的事情，能够独立思考问题，并运用已有经验解决问题。

（4）思维灵活，善于动脑。

2. 指导方法

（1）为大班幼儿设计的智力游戏（见图4-9）在内容上要有一定的难度，让幼儿动脑思考后才能完成任务。

（2）形式要多样、有趣，培养幼儿独立思考问题的能力（见图4-10）。

（3）主要依靠语言讲解组织游戏。

（4）鼓励幼儿用多种方法完成任务，允许幼儿制订新规则。

（5）大班幼儿会在游戏的规则、结果等问题上产生矛盾，教师应注意观察并协调解决。

图 4-9　大班智力游戏——拼图

图 4-10　大班智力游戏——故事排序

四、智力游戏的保育

（一）游戏前的准备工作

1. 创设适宜游戏的环境

保育员要与教师提前沟通游戏的内容、玩具材料的需求，并根据游戏的类型、内容、任务等创设相应的游戏环境。如不需要桌椅，要及时清理；还要根据光线的需要，控制窗帘的收放等。

保育员要与教师共同创设方便幼儿学习的软环境，如在走廊张贴用于认识时间的钟表图片，并根据不同时间的特点，配上相应的图片等。

2. 提供充足、安全的游戏材料

保育员要按照游戏内容和幼儿人数，准备桌椅、纸笔、各种工具材料等，如有需要，可提前打开电子投屏等多媒体设备。要熟悉实物教具的操作方法、摆放位置及收放要求，提供的材料要有一定的开放性、层次性，要安全卫生、牢固、体积适中。

（二）游戏过程中的配合工作

保育员要协助教师观察幼儿的游戏情况，及时满足幼儿在游戏中的需求；发现潜在危险因素应及时妥善处理；协助教师分发、整理、使用玩具、教具；关注幼儿身体、情绪的变化，对体弱或需要特殊照顾的幼儿要给予个别照料；根据教师的要求，进行个别帮助与指导。

（三）游戏后的材料收拾和整理及延伸工作

保育员要引导并协助幼儿整理游戏材料、清洁活动场地、分类摆放教具。发现材料有损坏要及时修补与处理，玩具材料要定期消毒。针对游戏中发现的问题，及时与教师、家长交流沟通，并做好后续工作。

> **知识拓展**
>
> **智力游戏的其他类型**
>
> 智力游戏还包括语言游戏、数学游戏、科学游戏，它们都具备智力游戏的共同特点，但目标各不相同。

一、语言游戏

幼儿园的语言游戏也称为听说游戏，是用游戏的方式组织的语言教育活动。一般由教师组织，并有明确的教育任务。

幼儿期是语言发展的关键期。教师在发展幼儿语言能力的同时，要为幼儿创设良好的语言环境，消除幼儿不敢表达的恐惧心理；创设宽松、毫无压力的讲话氛围，是使幼儿愿意说的前提；同时培养幼儿注意倾听他人讲话的习惯。

二、数学游戏

数学游戏是指用来完成一定的数学教育任务的游戏。幼儿在游戏中通过观察、比较、分析结果、抽象概括及判断推理，形成数学的概念。

《幼儿园教育指导纲要（试行）》中，幼儿科学领域教育的目标为"能从生活和游戏中感受事物的数量关系并体验到数学的重要和有趣"。《3—6岁儿童学习与发展指南》科学领域的"数学认知"目标同样提出"初步感知生活中数学的有用和有趣"。可见，数学无论是在教学中还是在游戏中，都有其独特的意义与价值。

三、科学游戏

科学游戏是在教师的指导、启发与组织下，幼儿借助玩具和音像资料等，按照一定规律进行的蕴含科学知识的游戏，是对幼儿进行科学启蒙教育的有效方法。

在科学区，教师可以为幼儿准备多种材料，便于幼儿随时操作和观察，如探究不同纸张的吸水性，就要为幼儿选择特点不同的纸张（牛皮纸、复印纸、报纸等）。还要投放易于操作的工具，如放大镜、小镊子、磁铁、皮尺、软尺、带有刻度的容器等。担心幼儿弄脏衣服，还可准备围裙、套袖等。

案例分析

案例一

智力游戏：欢乐大转盘（大班）

一、游戏目标

1. 愉快地参加智力游戏，感受智力游戏带来的乐趣。

2. 学习正确地使用数量词。

3. 积累数量词，并应用于日常生活。

二、游戏准备

1. 经验准备：幼儿熟悉常用的数量词，会念《量词歌》。

2. 材料准备：转盘三个（类似时钟的钟面，转盘的外圈贴上数量不等的物品图片，如两头牛、五件衣服、六双筷子等）、与幼儿人数一致的数字卡片。贴有编号的小椅子，数量与幼儿人数一致。

三、指导重点

巩固常用数量词，鼓励幼儿大胆使用数量词。

四、游戏过程

1. 游戏导入

（1）集体复习儿歌《量词歌》："一头牛，两匹马，三条鲤鱼，四只鸭；五本书，六支笔，七棵果树，八朵花；九架飞机，十辆车，量词千万别用错。小朋友，试一试，相互调换就会闹笑话。"

（2）带领幼儿参观班级各功能区域，如活动室、寝室、盥洗室等，帮助幼儿熟悉班级结构，为幼儿创造一个自由、宽松的语言环境，鼓励幼儿进行交流。启发幼儿说出相应量词，如三个玩具柜、六张桌子、一排毛巾等。

2. 游戏玩法

幼儿坐在贴有编号的椅子上，教师提问："你们去过游乐场吗？玩过那里的转盘游戏吗？"教师出示大转盘，请有经验的幼儿演示玩法。教师介绍游戏玩法："今天的大转盘有点特别，指针指到哪张图片，就要说出图片上物品的名称和数量，如三只羊。老师用抽签的方法抽出数字卡片，坐在对应数字小椅子上的小朋友就是转转盘的人。"

3. 幼儿游戏

（1）教师抽数字卡片，请幼儿来转转盘。如果幼儿没能准确说出数量词，请其他幼儿帮忙。

（2）幼儿分组，同时游戏。

（3）引导幼儿说说在游戏过程中遇到的问题。

（4）集体协商，重新制订规则。

（5）尝试按照新规则进行游戏，如更换转盘上的图片、不用抽签的方式确定转转盘的人选等。

4. 交流分享

请幼儿说说："你转到了什么？你们组制订了哪些新的规则？为什么更换规则？在游戏中遇到了哪些问题？是如何解决的？"

五、游戏延伸

1. 观察幼儿在日常生活中对数量词的使用。

2. 将转盘放入活动区，方便幼儿平时开展游戏。

分析： 这是一个语言游戏，大班幼儿对数量词较熟悉，生活中也经常使用，游戏通过抽签、转圆盘等环节，提升了练习数量词的趣味性。游戏以念《量词歌》开始，帮助幼儿回忆常用量词；分组开展，大大提高了游戏效率；制订新玩法和新规则，使游戏更加多样、新鲜。游戏结束后，转盘还可以放于区角活动中，起到一物多用的作用，让幼儿随时开展数量词游戏。

案例二

智力游戏：听声取豆（小班）

一、游戏目标

1. 复习 5 以内的数字。

2. 能根据听到的声音取相应数量的豆子。

3. 懂得在游戏中认真听、仔细数。

二、游戏准备

小玩具若干、放豆子的容器、豆子。

三、游戏玩法和规则

1. 玩法：幼儿根据教师用拍手、敲打、踩脚等方式发出的声音（5以内），说出声音的次数，然后从有豆子的容器中数出相应数量的豆子，放到另一个容器里。

2. 规则：教师要先强调游戏规则，让幼儿仔细听清后再开始数豆子；必须根据声音次数取相应数量的豆子。

四、游戏过程

1. 音乐律动导入：《布谷鸟》。

2. 教师向幼儿讲解并示范游戏方法。

3. 幼儿游戏

（1）师幼共同游戏

全体幼儿保持安静，认真倾听老师敲击的次数，开始取豆，取好后安静坐好，表示完成操作。请幼儿举手回答取豆的数量，教师公布答案，让幼儿自己检查是否正确。

（2）幼儿独立游戏

请一名幼儿到前面来敲击，其他幼儿听声后取豆，取好后安静坐好，表示完成操作。请幼儿举手回答取豆的数量，负责敲击的幼儿公布答案，其他幼儿自己检查是否正确。

教师观察到有取豆不正确的幼儿，要及时引导，帮助幼儿将声音次数和取豆的数量对应起来。

4. 游戏总结

在形式多样的游戏中，大部分幼儿都能按照敲打的次数来取豆，个别出错的幼儿在教师的引导下也逐渐理解了声音与豆子的对应关系；在游戏中，大部分幼儿都能安静倾听，认真准确地取豆，基本达到教育目标。

分析： 小班幼儿已掌握5以内的数字，游戏重点在于发展幼儿边倾听边计数的能力。以教师运用身体或敲击物品发出的声音为倾听对象，并记忆敲击次数，再取出相应数量的豆子，在这一连续的过程中，多种能力得到综合运用，符合小班幼儿的年龄特点。而教师将敲击的权力交给幼儿，使幼儿在敲击的过程中复习了5以内的数字，同时有助于提升幼儿参与游戏的兴趣。

案例三

智力游戏：抱抱团（中班）

一、游戏目标

1. 练习根据指令抱团。

2. 能快速反应并完成指令要求。

3. 愿意遵守游戏规则。

二、游戏准备

安全、空旷的场地。

三、游戏玩法与规则

1. 游戏玩法

（1）游戏开始，教师与幼儿分散站成大圆圈，边说儿歌"抱抱团、抱抱团，我们一起抱成团"，边按顺时针方向缓步走。教师发出"红色的朋友抱成团""绿色的朋友抱成团"等指令，穿着相应颜色衣服的小朋友要找到与自己衣服颜色相同的同伴抱在一起。按此方法反复游戏。

（2）让穿两种不同颜色衣服的小朋友抱在一起，提升游戏的难度。

（3）让手上标志颜色相同的小朋友抱在一起，激发幼儿持续游戏的兴趣。

2. 游戏规则

根据指令抱团，不成功者停玩一次。

四、游戏过程

1. 通过寻找相同颜色，引发幼儿游戏的兴趣。

"小朋友，你们今天穿的衣服是什么颜色呀？请穿相同颜色衣服的小朋友互相确认。一会儿我们来玩一个关于颜色指令的游戏，游戏的名字叫作'抱抱团'。"

2. 讲解游戏玩法与游戏规则。

3. 教师与幼儿边说儿歌边游戏，提示幼儿认真倾听指令，遵守游戏规则。

4. 提升游戏难度，请穿两种不同颜色衣服的小朋友抱在一起。

5. 教师发出新的游戏指令，请手上标志颜色相同的小朋友抱在一起。

6. 游戏结束，请幼儿讲一讲自己是如何与小朋友抱成团的。引导幼儿遵守游戏规则，共同体验游戏的乐趣。

分析： 这是一个辨别颜色的智力游戏，中班幼儿对颜色较敏感，也有自己喜欢的颜色，对常见色有较清晰的认识。游戏开始时，教师交代游戏名称及玩法、规则，待幼儿熟悉基本玩法后，增加游戏难度，让穿不同颜色衣服的幼儿抱在一起，通过逆向思维提升游戏兴趣，然后再一次变化，让手中的标志颜色相同的幼儿抱在一起。游戏玩法不变，规则层层递进，逐步加大难度，这样不但不会让幼儿感到疲劳，而且富有挑战性。

巩固与提高

一、选择题（每题1分，共5分）

1. 智力游戏的特点是（　　）。

    A. 趣味性　　　　B. 益智性　　　　C. 挑战性　　　　D. 以上都是

2. （　　）不属于智力游戏。

    A. 语言游戏　　　B. 表演游戏　　　C. 数学游戏　　　D. 科学游戏

3. 为了激发幼儿参与智力游戏的兴趣，应（　　）。

    A. 增加幼儿学习的时间，树立其自信心

    B. 加强幼儿知识、技能的训练

    C. 给予幼儿想学、会学、乐学方面的体验

    D. 增加幼儿的学习内容

4. 以下说法错误的是（　　）。

    A. 小班智力游戏以感官游戏为主，重在让幼儿有参与游戏的意愿与乐趣

    B. 中班智力游戏中最好包含一定的知识性，以满足幼儿的求知欲

    C. 大班可以自行制订智力游戏的规则，重点放在问题的解决上

    D. 无论哪个年龄班的幼儿，都需要教师来判定输赢

5. 保育员在智力游戏活动前要做的准备工作不包括（　　）。

    A. 打扫盥洗室，铺上防滑垫　　　　B. 了解游戏内容，主动配合教师

    C. 摆放好桌椅和道具　　　　　　　D. 做好活动室的环境卫生工作

二、判断题（每题1分，共5分）

1. 智力游戏与角色游戏、表演游戏、结构游戏一样，是创造性游戏。（　　）

2. 学龄前儿童的注意和记忆以无意注意和无意记忆为主，所以没有必要组织幼儿开展训练注意力和记忆力的游戏。（　　）

3. 智力游戏的设计要简单，以免挫伤幼儿的自信心。（　　）

4. 训练逻辑思维能力的游戏在中、大班开展效果更好。（　　）

5. 为幼儿设计智力游戏时，要根据幼儿的认知水平、年龄特点，选择手脑并用的游戏形式。（　　）

学测评价

评分项目		评分标准	得分
专业知识与技能（60%）	智力游戏的特点	（1）说出智力游戏的定义（1分） （2）了解智力游戏的结构（2分）	
	智力游戏的准备	（1）能够为各年龄班幼儿选择适合的智力游戏（3分） （2）说出智力游戏材料的投放要点（3分）	
	智力游戏的年龄特点	根据实习经历并结合学习内容分析： （1）小班幼儿智力游戏的特点（3分） （2）中班幼儿智力游戏的特点（3分） （3）大班幼儿智力游戏的特点（3分）	
	智力游戏的观察与指导	（1）根据实习经历，分析教师的观察行为（3分） （2）调整游戏难度（3分） （3）发现问题适时指导（3分）	
	智力游戏的实践能力与创造性	（1）为幼儿设计训练感官的游戏（3分） （2）能为各年龄班制作迷宫游戏（3分） （3）能组织幼儿开展比较、分类、排序等训练逻辑思维能力的游戏（4分） （4）能创编手指操（4分）	
	智力游戏的保育	（1）能为智力游戏的开展提供整洁、有序的环境（3分） （2）能够协助教师指导幼儿游戏（3分） （3）能对游戏材料进行有序的整理与收纳（3分）	
	课后习题	巩固与提高（10分）	
个人素养（40%）	学习态度	（1）尊重教师，积极与同学互动，体谅幼儿的感受（3分） （2）愿意分担各项任务（3分） （3）遇事积极思考，有质疑精神，勇于创新（4分） （4）善于倾听各方声音（3分） （5）乐于分享学习、实践经验（3分）	
	专业精神	（1）认识保育工作的重要性（2分） （2）能够积极投入专业学习中（4分） （3）实践中严谨、认真（4分） （4）遇事善于动脑和反思（5分）	
	信息获取	（1）熟悉信息收集方法（2分） （2）能够对需要的信息进行深度挖掘与筛选（3分） （3）利用有效的信息资源充实游戏活动（4分）	
分数		专业知识与技能：　　　　个人素养：　　　　总分：	

第五单元 体育游戏

《幼儿园教育指导纲要（试行）》明确提出："开展丰富多彩的户外游戏和体育活动，培养幼儿参加体育活动的兴趣和习惯，增强体质，提高对环境的适应能力。""在体育活动中，培养幼儿坚强、勇敢、不怕困难的意志品质和主动、乐观、合作的态度。"体育游戏能够促进幼儿身体发育、培养积极乐观的生活态度、磨炼意志品质，幼教工作者要创造条件为幼儿搭建开展体育游戏的平台，为幼儿提供宽敞的游戏场地及充足的游戏设施与材料，并组织开展适合其年龄特点的体育游戏。

学习目标

【知识目标】
（1）了解体育游戏特点。
（2）掌握体育游戏内容及结构。
（3）掌握各年龄班幼儿体育游戏特点和指导方法。

【能力目标】
（1）能为不同年龄班幼儿提供运动器械。
（2）能用观察、测量等方法判断运动负荷。
（3）掌握基本动作与常见物品玩法。
（4）能为幼儿提供运动前、中、后的保育措施。

【素养目标】
（1）认同运动对幼儿健康成长的重要价值。
（2）积极参与幼儿体育游戏活动与体育游戏保育学习。
（3）善于发挥团队的合作精神，积极承担体育游戏活动中的各项任务。

情境导入

户外活动时，孩子们每人拿一个篮球练习拍球。教师建议幼儿双脚打开、上身前倾、双膝微蹲。幼儿经过多次练习，掌握了动作要领，并能连续拍球十几次。这时他们已经不能满足于独自拍球，好几个孩子嚷着要比赛，一个拍球一个数数，看谁拍得最多。一会儿，比赛结果出来了，没有获胜的幼儿提出要花式拍球。他们商量了几种拍法——转圈拍、定点拍、行进拍、跨腿拍，大大增加了拍球的挑战性。这时不远处也在练习拍球的几个孩子被吸引过来，也加入了花式拍球的队伍。

这样的场景在户外活动时经常出现。拍球、跳绳、骑三轮车、滑滑梯、钻筒、攀爬等游戏每天都在进行，打口袋、丢手绢、老鹰捉小鸡、老狼老狼几点了、一二三木头人之类的游戏也不断相传。体育游戏形式多样、内容丰富，符合幼儿好动、寻求刺激、善于挑战的心理，对幼儿的身心发展起着不可替代的作用。

知识储备

一、体育游戏的概念及特点

（一）体育游戏的概念

体育游戏也称为活动性游戏或运动性游戏，结合了运动和游戏的元素，是根据一定的体育任务设计的，由身体基本动作、情节、角色和规则组成的一种活动性游戏，是幼儿体育活动的一种主要形式。

幼儿园体育工作的任务主要通过两条途径来完成：一是体育活动，包括早间操、体育活动课、户外体育活动、远足活动等；二是体育游戏。体育活动与体育游戏既有联系，又有区别。两者的目标都是促进幼儿身体健康发展、提升幼儿对体育锻炼的兴趣、发展基本动作和掌握各种运动技能。两者的区别是：体育游戏除了发展运动能力以外，还具有游戏的属性，也就是趣味性和挑战性，它比一般的体育活动更吸引幼儿，更能全面地发展幼儿的身心。

（二）体育游戏的特点

1. 体育游戏是一种兼有趣味性的体育活动

体育游戏的趣味性主要体现在情节性和竞赛性两方面。一些体育游戏包含各种不同的角色，非常适合幼儿爱模仿、好扮演的特点。如小班体育游戏小刺猬采果子就是通过对小刺猬动作的模仿，发展幼儿钻、爬、滚等能力。为幼儿设计运动前的准备活动时，也可以运用角色的扮演来提高幼儿的游戏兴趣。如小兔子起床了就是一套很适合幼儿的准备活动，从起床的伸懒腰（伸展运动）到穿衣服（扩胸运动、下蹲运动、头部运动等），再到找尾巴（体转运动），最后到照镜子（整理运动），都是幼儿喜欢模仿的情节。

2. 体育游戏是以发展幼儿基本动作为主的体育活动

幼儿园中的所有游戏都伴随着一定的运动能力的发展。体育游戏的主要任务是在游戏中完成爬、走、跑、跳跃、投掷、滚、吊、拉、推、平衡等基本动作，同时对幼儿协调能力、柔韧性、反应能力等的发展也有促进作用。

二、体育游戏的主要内容

（一）基本动作

基本动作主要包括走、跑、跳、投掷、平衡、钻、爬、攀登等。基本动作的掌握与练习，对幼儿的肢体力量、爆发力、柔韧性等都有积极的促进作用，从而促进幼儿生长发育、提高身体机能。

（二）器械类活动

1. 大中型固定运动器械

利用大中型固定运动器械，如滑梯、转椅、攀爬架（网）、蹦床、秋千、荡船、跷跷板等进行游戏（见图5-1—图5-5），可促进幼儿前庭的发育，增强其协调能力和身体控制能力。

图 5-1 滑梯

图 5-2 转椅

图 5-3 塑料攀爬架

图 5-4　攀爬网

图 5-5　蹦床

在开展使用大中型固定运动器械的游戏时，各班级间要协调好使用时间，可安排固定时间，也可随机进行。教师和保育员要控制好幼儿人数，避免出现在器械上拥挤、推搡等不安全行为；也不要混班游戏，以免幼儿因身高、体重等差距过大，互相碰撞造成严重的后果，或使游戏器械出现重心偏离而影响使用。幼儿园要安排固定的维修人员定期对器械进行维护和保养，各班教师和保育员在幼儿使用器械前，要认真检查各连接处，如螺丝、接口有无松动、开裂的情况，发现安全隐患应立即停止使用，并上报。

2. 中小型可移动运动器械

中小型可移动运动器械有轮胎、跳箱、手推三轮车、脚踏车、拱形门、平衡木（长板或长椅）、投掷架、木质台阶、小梯子、垫子、滑板车等（见图 5-6—图 5-9）。

图 5-6　轮胎

图 5-7　跳箱

图 5-8　手推三轮车

图 5-9 脚踏车

以上器械可根据数量统一管理，或分发至各班。使用这些器械的体育游戏可发展幼儿的平衡能力、身体协调性等。

3. 手持的小型运动器械

手持的小型运动器械有各种球类（足球、篮球、乒乓球、儿童羽毛球、板球、皮球等）、跳绳（单人绳、长绳）、沙包、呼啦圈、小哑铃、铁环、小高跷等。

手持的小型运动器械的使用可增加游戏的多样性，增强幼儿肌肉力量，发展幼儿动作的灵敏性和准确性。手持的小型运动器械可根据需要自制，教师与保育员、幼儿共同制作体育游戏器械，可提升幼儿的参与度，既经济又实用。

三、体育游戏的结构

体育游戏由游戏动作、游戏方式、游戏情节、游戏条件等组成。

（一）游戏动作

体育游戏的动作主要有五种类型。

（1）发展基本运动能力的动作，如走、跑、跳、钻、爬等。

（2）简单的运动技术，如球类运动、骑车、游泳等。

（3）民间体育游戏动作，如跳皮筋、踢毽子、滚铁环等。

（4）模拟动作，如模仿小兔子双脚跳等。

（5）生活动作，如穿衣服、背物品等。

（二）游戏方式

1. 组织活动

首先要确定游戏队形，可以是圆形、纵队等，根据游戏内容选择；其次要考虑分队、分角色的问题，分队以随机为好，以免能力强的幼儿过于集中；最后思考游戏如何开始与结束。

2. 练习方法

体育游戏常用的练习方法有：模拟法、竞赛法等。

（三）游戏情节

体育游戏的情节是根据游戏动作和活动方式特点构思的，主要作用是增加游戏趣味性。如游戏中有双脚跳的动作，就可以设定为小袋鼠找妈妈，使简单的动作生动、形象、有趣。同一游戏可以有多个情节。

（四）游戏条件

这是体育游戏的物质前提，包括场地、器械等。场地直接影响着动作性质、活动方式和游戏的效果。器械既是物质条件，又是动作对象。

四、各年龄班体育游戏的特点与指导

（一）小班

1. 特点

（1）小班幼儿的体力和身体素质较差，行走、奔跑、跳跃、投掷等基本动作还在学习阶段，没有正确掌握。动作的协调性、准确性较差，活动不够自如。

（2）小班幼儿的心理特点是喜爱游戏、好模仿，但注意力不易集中；对游戏中的动作、角色、情节感兴趣，而对游戏结果不太在意。

2. 指导方法

小班幼儿的体育游戏（见图 5-10）动作和情节都要简单，角色要少、便于模仿，规则要容易遵守。每个体育游戏中最好只包含一个基本动作，且集体做同一个动作。

图 5-10 小班幼儿的体育游戏

（二）中班

1. 特点

（1）中班幼儿的体力有所增强，动作有了明显的发展，协调能力、平衡能力有了较大的提高。其独立活动能力和空间感知能力也明显提高，活动范围较小班幼儿有很大的扩展。

（2）中班幼儿能够辨别方向，注意力较易集中，能够控制自己，通常能够自觉地遵守游戏规则。

（3）中班幼儿喜欢有情节、有角色扮演及追逐性的游戏。

2. 指导方法

中班幼儿的体育游戏（见图 5-11）动作可多样化，可增加攀登、投掷、跳跃等动作。体育游戏除有一定情节外，还可以增加无情节的、只为完成某项基本动作任务的分组竞赛游戏。

图 5-11 中班幼儿的体育游戏

（三）大班

1. 特点

（1）大班幼儿比中班幼儿身体更强壮，体力更充沛，能较熟练地掌握各种动作的基本要领，而且动作协调有力、灵活自如。

（2）大班幼儿的知识范围更广，观察分析和理解能力有了明显的提升，开始具有组织和控制注意力的能力，责任感也增强了，喜欢游戏有胜负结果。

2. 指导方法

大班幼儿的体育游戏（见图5-12）的竞争性成分增多，游戏动作增多、难度加大，往往需要幼儿克服一定困难之后才能达到游戏目的、完成游戏任务。游戏中的情节和角色之间的关系也更加复杂，进行游戏时可增加语言讲解，讲解时可伴随示范。

图5-12　大班幼儿的体育游戏

五、体育游戏的保育

（一）运动前

1. 运动场地的安全

在幼儿运动前，保教人员要检查场地的情况是否适合体育运动——是否平坦，防滑，无积水、灰尘及杂物，如有枯枝败叶或碎石要及时予以清理。

2. 运动器械的安全

在幼儿运动前，保教人员要检查运动器械是否有损坏，如滑梯、攀爬架等大型固定运动器械是否有开裂、螺丝脱落、毛刺等情况，并将运动器械表面擦干净，去除污物。如运动器械已损坏，应停止使用或及时修理；无法修理的应搬离场地，以防发生意外。运动器械的安装要牢固，表面要光滑、没有尖角。大型运动器械应放置在草地上；小型运动器械要分类存放且位置固定，便于取放。手持的运动器械按需备足，可略多于幼儿人数，便于幼儿选择和更换。运动器械要注意维护，要专人清洁、每天擦拭、每周消毒。

3. 幼儿着装的安全与卫生

（1）幼儿在运动时要穿着便于运动的服装，服装要透气性好、吸湿性强、宽松合体，忌过大或过紧。运动鞋要穿无鞋带且适度宽松的，以免幼儿脚部扭伤或因鞋子过大而跌倒摔伤；鞋底要柔软、轻便、有弹性、防滑，不可让幼儿穿着皮鞋、凉鞋或塑料运动鞋运动。

（2）衣服的穿着要随季节的变化有所调整。夏季最好穿浅色、防晒、吸汗、透气性好的衣服。冬季要注意防寒保暖，穿着不妨碍运动、穿脱方便的衣服。

（3）不穿连帽衫，特别是帽口有绳子的，因为绳子容易挂在运动器械或其他物体上，导致卡住幼儿脖子，严重的会造成窒息，危及生命。除此之外，不在衣服上佩戴用别针固定的饰物，如胸针、纪念章等，衣服口袋内不放置尖锐的物品。

保教人员要提前与家长沟通，为幼儿准备适合运动的服装，从而避免幼儿受到意外伤害。活动前，保教人员要检查幼儿的服装是否便于运动。

4. 其他准备

为幼儿准备放置衣服的篮子或筐。在饮水区准备好温度适宜的水、水杯、擦汗的毛巾、卫生纸、湿纸巾等。在运动前提醒幼儿大小便、脱掉外套等。

（二）运动中

（1）随时关注周围环境，提醒幼儿不玩危险的物品，对幼儿的危险动作及行为要及时制止，如制止幼儿在大型运动器械上打闹、追逐，在滑梯上头朝下滑、站着滑等行为。

（2）协助教师做好运动中的保护工作，防止幼儿发生骨折、脱臼、拉伤等运动损伤。

（3）观察运动量与幼儿生理表现（见表5-1），如幼儿出现寒战、出汗过多、口周青紫、面色苍白、头晕、精神萎靡、情绪烦躁等情况，应及时停止运动，马上休息。必要时联系保健医生，采取相应的措施。

（4）对个别体弱的幼儿要给予关照；对不爱运动、胆小的幼儿要鼓励其运动，并对其在运动中的表现给予肯定；对长时间进行同一项运动的幼儿，要适当建议、鼓励其尝试其他的运动；对运动过量的幼儿，要及时提醒、安排休息。

表 5-1 运动量与幼儿生理表现一览表

状态	外显指标	生理表现		
		轻度疲劳	中度疲劳	重度疲劳
活动中	面部色泽	稍红	相当红	十分红或苍白
	排汗情况	轻微	较多	大量
	运动情绪	愉快	有倦意	疲乏
活动后	饮食情况	食量增加	食欲降低	食欲降低、恶心呕吐
	睡眠情况	入睡快	入睡较慢	很难入睡
	精神情况	精神愉快	精神不振	精神恍惚

注：为判断活动量，保育员还可协助教师对幼儿进行脉搏的测量。

（三）运动后

（1）组织幼儿收拾器械并分类摆放（见图5-13），对于过大过重的运动器械，保教人员要协助幼儿收放；拿到户外的生活用品要拿回活动室，放于原处。

图 5-13 游戏后的物品整理

（2）夏季，幼儿运动出汗过多时，保教人员要为其擦干身上、头上的汗，并及时为其更换衣服；秋冬季，活动结束后要及时为幼儿添加衣物，以免受凉。

（3）保育员要协助教师做好活动后的室内清洁整理工作和幼儿保育工作，如洗手、洗脸、如厕、喝水、休息等。

知识拓展

体育游戏的场地

一、体育游戏的场地要求

体育游戏一般在户外进行，与室内相比，户外可以提供较宽敞的活动空间和可灵活使用的材料、器械，以及更加开阔的想象空间，这就对游戏环境和场地有一定的要求。首先，要保证游戏环境的安全，场地要平坦、宽敞、较软且无杂物，器械收纳要固定且便于拿取。其次，场地要足够大，但要考虑幼儿的运动负荷，可圈出一个活动范围，这样既可控制幼儿的活动量，也便于对幼儿进行监管。目前，幼儿园面临更多的问题是活动场地有限，甚至不能满足所有幼儿同时开展体育游戏的需求。这就要求根据班型、人数调整活动区域或轮流进行活动，如大一班在使用滑梯、秋千等大型固定运动器械时，大二班可在另外的区域开展球类、打沙包等活动。

二、不同场地的特点

1. 草坪

草坪具有柔软、开阔、安全、高低不平等特点，便于幼儿体验奔跑、滚、爬等动作。此外，还能让幼儿更好地体验雨天与晴天所带来的自然气息，为幼儿观察昆虫、植物提供便利。

2. 水泥坪

水泥坪具有坚硬平整和便于保养等特点，适合幼儿进行拍球、跳绳等活动，还适合幼儿骑自行车、玩轮滑、推手推车等。

3. 塑胶坪

塑胶坪具有比水泥坪更加柔软、安全等特点，幼儿可在雨后立即游戏，但其不如草坪有挑战性。

4. 沙土坪

雨后的沙土坪更有挑战性，可让幼儿体验积水和路滑的状况，学习控制身体和提高自我保护的能力。

以上各类场地可做成平整路面，也可设计为滑坡路面。坡路能够锻炼幼儿在不平整路面行走的能力，增强其腿部肌肉力量，增加游戏的挑战性，提高其身体的控制能力。站在不同高度，还会使幼儿产生多种视觉感受。

案例分析

案例一

体育游戏：仰卧传球（大班）

一、游戏目标

1. 体验成功传接球的成就感，培养合作精神。

2. 初步学会简单的仰卧起坐，锻炼腰腹部的力量。

3. 能遵守规则、坚持游戏。

二、游戏准备

1. 经验准备：幼儿仰卧时能够依次抬起双腿，坐姿手撑地时可做双脚离地状。

2. 材料准备：较软地面或硬垫，球、球筐若干。

三、指导重点

重点指导幼儿双手接球后，仰卧将球于头上方传给后面的幼儿。

四、游戏过程

1. 游戏导入

（1）放音乐，做准备活动。

（2）幼儿站立，双手持球，将球置于头上方，后仰将球传给后面的幼儿。

2. 游戏玩法

幼儿若干人一组，排成纵队，坐在地面或垫子上。排在第一个的幼儿将手中的球举过头顶，向后仰卧将球传给后面的幼儿，以此类推，最后一个幼儿用同样的动作将球放入筐内。

教师交代游戏名称，演示游戏玩法，边示范边讲解动作要领，也可请幼儿示范。提醒幼儿保持一定的间距。如果使用硬垫，可利用硬垫的长度固定位置；如果是在较软地面上游戏，可使用胶布固定位置。位置的选定应考虑幼儿的能力和身高。

3. 幼儿游戏

（1）幼儿排好队坐下，进行传接球游戏。每组可以传6~10个球，看哪组最先将前面筐中的球全部运到后面的筐中。

（2）组织幼儿讨论完善规则：身体前倾去拿球时，两腿可以分开，但臀部不能离开地面，身体不能前后左右移动；将球传出后可用手撑地，使身体保持直立。

（3）幼儿再次游戏，教师观察游戏情况。可以一组幼儿进行传接球的游戏，另一组幼儿观察对方是否遵守规则，用计时的方法比较传接球的快慢。

4. 交流评价

（1）教师组织幼儿进行放松活动。

（2）对传接球比赛情况进行交流和评价。

（3）教师示范准确的仰卧起坐动作（引导幼儿得出结论：只有遵守游戏规则、注意力集中，才能将球传得又快又好），鼓励幼儿遵守规则、坚持游戏。

五、游戏延伸

让幼儿尝试用其他物品代替球，或用一只手传递物品，进行传接游戏。

分析： 大班幼儿的肌肉力量有了明显的提升，在提高跑、跳、投等运动能力的同时，要注重腰腹力量的训练。此游戏运用仰卧传接球的形式，锻炼了幼儿的腰腹力量；分组练习使幼儿能够轮流休息与观察；教师引导幼儿掌握正确的动作要领，从而准确地传接球，达到游戏目的。游戏中可将球换成沙包等物品，队形也可根据场地条件进行调整。

案例二

体育游戏：占圈（小班）

一、设计意图

占圈是一种流传广泛的传统游戏，其不受时间、地点、人数的限制，操作性强。但是如果长时间使用一种规则进行游戏，容易使幼儿产生厌倦心理。为了增加游戏的趣味性，应在原游戏的基础上进行一些创新，注入新的元素，使一种游戏演变出多种玩法，让占圈游戏更丰富、更好玩、更能调动起幼儿的兴趣。

二、游戏目标

1. 认知目标：发展幼儿的反应能力和身体灵活能力。

2. 能力目标：探索圆圈的各种玩法，充分练习平衡、跳、跨等动作。

3. 情感目标：培养幼儿的竞争意识，使其体验游戏带来的挑战与快乐。

三、游戏准备

塑料圈若干、热身音乐、游戏音乐。

四、游戏玩法

全体幼儿围成一个大圆圈，随音乐的节奏，按逆时针方向走。音乐停止时，全体幼儿跳进一个塑料圈内站好。没有占到塑料圈的幼儿退场，减少圆圈数量后再次游戏，如此循环往复。幼儿要认真听音乐，游戏过程中不能相互推操。

五、游戏过程

1. 导入活动

随音乐做热身准备运动。

2. 幼儿游戏

幼儿手拉手围成一个大圆圈，音乐开始，教师带领幼儿一起逆时针绕圈走，音乐停止时，幼儿迅速找到塑料圈跳进去。前两轮游戏中，一个圈中可以站两名幼儿，随着幼儿逐渐熟练，游戏难度增加，一个圈中只能站一名幼儿。塑料圈逐渐减少，最后剩下的一名幼儿获得胜利。

六、游戏小结

这个游戏发展了幼儿的走、跑、跳等基本动作，提高了幼儿动作的灵敏性和协调性，同时锻炼了幼儿的平衡能力和快速反应能力。当有两名幼儿站到同一个圈中时，后进入圈内的幼儿自觉退出，表现出了遵守规则的好习惯。幼儿在整个游戏过程中注意力很集中，懂得在跑、跳过程中保护自己，并且体验到了竞争和挑战的快乐。

分析： 首先，教师选取幼儿喜欢且熟悉的音乐进行热身活动。其次，讲解规则与玩法后，游戏分为两个部分进行：先是两人同时占圈，目的是让幼儿熟悉占圈的过程；然后，幼儿熟悉玩法与规则后，变成每人占一个圈，每轮游戏后圈数减少一个，增加游戏的难度与趣味性。小班幼儿对规则的理解和玩法的掌握需要一个过程，游戏设计的目标要明确且单一，便于幼儿掌握。

案例三

体育游戏：金鸡独立（中班）

一、游戏目标

1. 练习控制自己的身体保持平衡。

2. 能单脚站立3~5秒。

3. 喜欢做具有挑战性的游戏。

二、游戏准备

狐狸、大公鸡、小公鸡等头饰若干。

三、游戏玩法及规则

幼儿边念儿歌"我们都是小公鸡，每天早晨喔喔啼，喔喔喔！喔喔喔！"边四处走动。听到"大公鸡"说"狐狸来了"，"小公鸡"要赶紧单脚站立，躲开"狐狸"的追赶；当听到"大公鸡"说"狐狸走了"，"小公鸡"才能双脚站立。更换扮演"狐狸"的幼儿，继续游戏。

四、游戏过程

1. 教师与幼儿一起做器械操，活动身体。

2. 教师介绍游戏名称，激发幼儿参与活动的兴趣。

3. 教师讲解玩法和规则，出示头饰，鼓励幼儿大胆选择角色。幼儿边念儿歌边游戏。游戏中教师提醒幼儿遵守规则。

4. 教师与幼儿跟着音乐律动，放松身体。

5. 教师与幼儿共同分享游戏的乐趣，对遵守游戏规则的幼儿和获胜的幼儿提出表扬。

巩固与提高

一、选择题（每题1分，共5分）

1. 幼儿园体育活动包括（　　）。
   A. 早间操　　　　B. 户外体育游戏　　　C. 远足活动　　　　D. 以上都是

2. 以下（　　）不是手持运动器械类游戏。
   A. 攀爬架　　　　B. 跳绳　　　　　　　C. 小高跷　　　　　D. 呼啦圈

3. （　　）是幼儿学会自我保护的有效方法。
   A. 选择性地参加体育游戏活动　　　　B. 遵守游戏规则和运动规则
   C. 穿着适合运动的服装　　　　　　　D. 只在教师或保育员身边活动

4. 开展冬季户外体育游戏活动，以下做法不正确的是（　　）。
   A. 在通风阴凉处活动
   B. 在阳光多的场地活动
   C. 适当增加运动量
   D. 时间安排在上午9点以后、下午4点以前

5. 在幼儿户外体育游戏活动前，保育员必须做好的准备工作包括（　　）。
   A. 检查场地和幼儿服装　　　　　　　B. 协助开展身体准备运动
   C. 备好运动器械、水、毛巾　　　　　D. 以上都是

二、判断题（每题1分，共5分）

1. 草坪柔软、高低不平，不适合开展幼儿体育游戏活动。（　　）

2. 幼儿出现口周青紫、面色苍白，应立即停止体育游戏活动。（　　）

3. 在户外运动时，要让幼儿有较多的时间处于有效锻炼中，即心率保持在120~180次/分钟。（　　）

4. 小班幼儿体育游戏的特点是注意力较集中，能够控制自己身体。（　　）

5. 保育员要时刻关注幼儿的运动量，对运动量过大或过小的幼儿给予一定的指导和提醒。（　　）

学测评价

	评分项目	评分标准	得分
专业知识与技能（60%）	体育游戏的特点	（1）说出幼儿园体育工作的途径（1分） （2）了解体育游戏的特点（1分）	
	体育游戏的准备	（1）掌握体育游戏的主要内容及结构（2分） （2）说出体育游戏场地的种类及特点（3分） （3）能在不同季节选择合适的时间开展户外体育游戏（3分）	
	体育游戏的年龄特点	根据实习经历并结合学习内容分析： （1）小班幼儿体育游戏的特点（2分） （2）中班幼儿体育游戏的特点（2分） （3）大班幼儿体育游戏的特点（2分）	
	体育游戏的观察与指导	（1）会判断幼儿的运动量（3分） （2）能指导幼儿开展体育游戏（4分） （3）能发现游戏中的安全隐患并提出解决办法（4分）	
	体育游戏的实践能力与创造性	（1）为不同年龄班幼儿提供体育游戏器械（3分） （2）能使用常见材料设计体育游戏（4分） （3）能创设游戏情境，提高幼儿参与游戏的兴趣（3分） （4）能创编幼儿健身操（4分）	
	体育游戏的保育	（1）能帮助体弱的幼儿参与游戏（3分） （2）协助教师做好运动中的保护工作，避免意外伤害（3分） （3）指导幼儿收纳游戏器械及材料（3分）	
	课后习题	巩固与提高（10分）	
个人素养（40%）	学习态度	（1）尊重教师，积极与同学互动，体谅幼儿的感受（3分） （2）愿意分担各项任务（3分） （3）遇事积极思考，有质疑精神，勇于创新（4分） （4）善于倾听各方声音（3分） （5）乐于分享学习、实践经验（3分）	
	专业精神	（1）认识保育工作的重要性（2分） （2）能够积极投入专业学习中（4分） （3）实践中严谨、认真（4分） （4）遇事善于动脑和反思（5分）	
	信息获取	（1）熟悉信息收集方法（2分） （2）能够对需要的信息进行挑选、甄别、挖掘（3分） （3）利用有效的信息资源充实游戏活动（4分）	
分数	专业知识与技能：	个人素养：　　　　　总分：	

第六单元

游戏环境和物品的清洁与消毒

　　幼儿园的环境清洁工作是保证幼儿在整洁、舒适、安全的环境中，愉快地参加各种游戏活动的必要条件，是有效地促进幼儿健康成长的重要工作内容之一，也是幼儿讲卫生、爱劳动的习惯启蒙培养基础。同时，保育员还要对幼儿使用的玩具、餐具、餐桌等按照有关规定进行预防性消毒，以彻底切断传染病的传播途径，从而保障幼儿身心健康发展。

学习目标

【知识目标】

（1）了解游戏环境的卫生要求。

（2）掌握不同玩具的清洁方法。

（3）了解常用的消毒剂。

（4）掌握不同消毒液的配制方法。

【能力目标】

（1）能够为幼儿提供清洁的游戏环境。

（2）能够根据玩具的不同材质实施不同的清洁、消毒方法。

【素养目标】

（1）爱护玩具、关爱儿童。

（2）培养热爱劳动、乐于奉献的精神。

（3）培养爱岗敬业、保护环境的意识。

> **情境导入**
>
> **忙碌的王老师**
>
> 某幼儿园新入职的保育员王老师每天都在不停地做清洁，疲惫又忙乱。早上，地还没有拖好，孩子们就已经来幼儿园了；上午的游戏活动还没结束，就要忙着准备孩子们的午餐了，饭菜都送来了，才急急忙忙地从消毒柜里取出幼儿的餐盘和勺子等餐具；孩子们吃完饭、结束散步，已经准备上床睡觉了，可是地面上还有好多饭粒、菜渣没收拾……

知识储备

一、游戏环境和物品的清洁

（一）幼儿园游戏环境卫生要求

（1）幼儿园应当建立室内外环境卫生清洁和检查相关制度，每周全面检查两次并做好记录，不合格的地方要及时整改，确保为幼儿提供整洁、舒适、安全的园区环境。

（2）幼儿园室内应当有防蝇、蚊、虫、鼠及防暑、防寒的设施与设备，放置在幼儿接触不到的地方，如需集中消毒，应在幼儿离园后进行。

（3）幼儿园要保持室内空气清新、阳光充足，每天定时打扫，保持地面干燥清洁。厕所做到清洁通风、无异味，便器每次用后应及时冲刷洗净。

（4）幼儿园各个班级的卫生用具等物品应有标记，做到专用专放。抹布用后应及时清洗干净，晾晒干燥后存放；拖布清洗后应当晾晒或控干，然后存放在指定地点。

（5）幼儿园应保持玩具、图书表面的清洁卫生，每周至少进行一次玩具的清洗与消毒，以及图书的全面翻晒。

（二）游戏环境清洁准备

（1）人员准备：保育员着工作服，戴围裙、手套，头发盘起（见图6-1）。

（2）用具准备：专用抹布（清洁抹布2块、除尘抹布1块、消毒抹布2块）、拖布4把（走廊、活动室、睡眠室、盥洗室各1把）、笤帚、簸箕、水盆、水桶、清洁消毒用具1套（84

消毒液、去污粉、泡腾片、酒精棉、洁厕剂、洗洁精、马桶刷等)(见图6-2)。

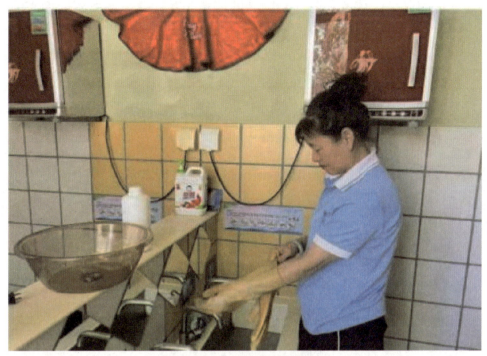

图6-1 保育员着装

图6-2 清洁用具

(三)游戏环境清洁原则

1. 合理安排清洁时间

一般情况下,每个班级的环境和物品每周至少清洁一次,重点清洁幼儿集体活动区域,此外每天还要进行一至两次常规清洁。在常规清洁中，清洁人员要在幼儿入园前完成从走廊到活动室再到盥洗间三个区域及其设施和物品的清洁，在幼儿全部离园后彻底清洁盥洗室及清洁用品。

2. 严格遵循清洁次序

清洁次序应遵循"从外到内，由上到下"的原则。走廊按照墙面—家园联系栏—作品栏—门—窗—衣帽柜—鞋柜—地面的顺序进行清洁；活动室按照灯具—墙壁—门—窗—玩具柜—教学设备—桌椅—水杯格—毛巾架—地面的顺序进行清洁；睡眠室按照灯具—墙壁—门—窗—床体—被单—被褥—地面的顺序进行清洁。

（四）游戏环境清洁流程

游戏环境清洁大致按照开—擦—拖—理—洗—摆六个步骤进行。

1. 开，即开窗通风

幼儿园的保育员要根据不同季节、不同的天气状况，灵活确定每天开窗通风的时间、开窗的次数以及每次开窗的时长。夏季一般全天打开窗户，如果屋内开空调，则每半日需通风一次，时间一般在30分钟左右；冬季每半日至少需通风一次，通风的时间一般在30分钟左右。冬季，如果房间暖气比较充足，并且天气状况较好、空气质量合格，则可以一直打开小扇窗户，如果遇到雾霾天气，则需关闭所有窗户，打开新风系统净化室内空气。

2. 擦，即擦拭和擦洗

主要是指用干抹布对墙壁、棚顶吊饰等比较高的位置进行除尘，并用半干或者湿抹布针对不同位置进行擦拭和擦洗来进行清洁。擦拭时要按照一定的顺序和方向来进行，不要漏掉任何一个部位，保证清洁彻底。

3. 拖，即拖地

主要是指走廊、活动室、睡眠室及盥洗室的地面清洁，一般遵循"先扫后拖"的原则。先洒水后扫地，压着扫帚扫避免尘土飞扬；拖地时倒退着、沿着地面纹路拖，注意家具下方和墙角位置都应事先用半干抹布擦干净，其他位置用拖布直接拖干净，不留一处卫生死角。

4. 理，即整理

将清洁完毕的用具、玩具、图书等物品进行全面整理，并放回原来的位置摆好。

5. 洗，即清洗

用清水将所有清洁工具，如抹布、拖布、盆等清洗干净。

6. 摆，即摆放

清洁工具清洗干净后，将其和清洁用品分类摆放到固定位置，尤其是清洁用品要摆放到幼儿不易够到的地方，将拖布、抹布在指定标识处悬挂晾干。

（五）游戏环境清洁方法

1. 开窗通风

2. 清洁纱窗、窗户和玻璃

（1）纱窗的清洁：用2块干净的半干抹布分别在纱窗的内外两侧相对擦拭，清除纱窗上的尘土污垢，然后用干净的湿抹布擦拭一遍，保证干净透风。

（2）窗户的清洁：每天用干净的半干抹布擦拭窗棂、窗台、暖气罩、暖气片等部位，保持全天清洁、无尘。

（3）玻璃的清洁：每两周清洁一次教室玻璃。用干净的半干抹布和干抹布分别擦拭玻璃，使之干净、无擦痕、保持透明，如遇顽固的污渍，可以蘸取适量的去污粉或清洁剂用力擦拭几遍。

3. 清洁门和盥洗室墙壁

每天至少清洁一次门和墙壁（见图6-3），使其干净无痕。每周要擦拭一遍门玻璃，使之干净、明亮。

（1）门框的清洁：擦拭门框、边棱时，要用干净的半干抹布从上到下进行擦拭。

（2）门的清洁：擦拭门主体部分的正反两面时，要用干净的半干抹布从上到下擦拭。

（3）门把手的清洁：擦拭门把手时，要分三个步骤进行：先用干净的湿抹布擦一遍；再用浸泡过消毒液的湿抹布擦拭一遍；静置30分钟后，最后用干净的半干抹布擦一遍。

（4）盥洗室墙壁的清洁：先用干净的湿抹布从上到下擦拭瓷砖墙，再用干抹布拭去水渍（见图6-3）。

图 6-3　清洁门和墙壁

4. 清洁洗手池（台）、水龙头、水管及镜子

洗手池（台）、水龙头应该随用随擦、保持干燥，确保洗手池（台）表面光滑、无污物、无异味，镜子无水迹、无擦痕、干净明亮。

（1）洗手池（台）的清洁：先将洗手池（台）中的污物捡拾干净，然后用蘸有清洁剂的钢丝球擦拭水池，将洗手池（台）中的油污、水渍等污物彻底清除干净，最后用清水冲洗干净，使洗手池（台）表面光滑、无渍、无污、无异味。

（2）水龙头、水管的清洁：用钢丝球蘸些去污粉或洗涤剂擦拭水龙头及水管，尤其是水管接口部位，将水渍、顽固污渍擦洗干净，然后用清水冲洗干净，最后用干抹布将水龙头、水管、洗手池（台）擦拭干净。

（3）镜子的清洁：每天用半干抹布擦拭镜子两至三次，使之无水迹、无擦痕、干净明亮。

5. 幼儿毛巾的清洁与挂放

每日须清洁幼儿毛巾一次，清洁后将其挂放在通风向阳处（见图 6-4）。

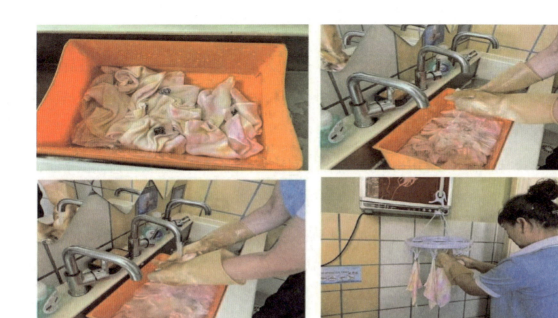

图 6-4 幼儿毛巾的清洁与挂放

（1）将幼儿毛巾完全浸泡在洗衣液中，静置 20 分钟。

（2）然后搓洗浸泡过的幼儿毛巾，再用清水将幼儿毛巾上附着的洗衣液漂洗干净。

（3）将洗净的幼儿毛巾放入消毒柜中进行消毒。

（4）将消毒后的幼儿毛巾挂在室外的通风向阳处进行晾晒。

（5）为了防止交叉感染，幼儿毛巾的挂放间距以无重叠为标准，一般以间隔 10 厘米为宜。

6. 清洁玩具柜、玩具筐

每天清洁一遍玩具柜（见图 6-5）和玩具筐，将玩具柜及玩具筐摆放整齐。每周对所有玩具进行一次清洁和消毒。

图 6-5 玩具柜分类清洁

（1）玩具柜的清洁：用干净的半干抹布擦拭内外侧，将浮尘擦去。

（2）玩具筐的清洁：用干净的半干抹布擦拭一遍，将浮尘擦去。

（3）玩具的清洁：按玩具的材质进行分类清洁，并把清洁后的玩具分类收纳到对应的玩具筐中摆放整齐。

①积木类玩具的清洁：先用清水冲洗后，再放入消毒液中浸泡20分钟，最后用清水将玩具上的消毒液冲洗干净，并将其放置在幼儿园中指定的地方晾晒。等完全晾干后，将其取回放入玩具筐中。

②图书类玩具的清洁：先用半干抹布将纸板书、图书表面的灰尘及污渍擦拭干净，然后放置在日光下翻晒进行消毒，时间不低于6小时，最后将清洁后的图书放入指定书柜中。

③织物类玩具的清洁：先用洗衣液将手指木偶、毛绒娃娃等玩具表面的污渍清洗干净，再放置于阳光下进行晾晒至干燥，最后将其归类并整齐摆放在玩具柜及对应的活动区角中。

7. 清洁桌椅

幼儿的桌椅每天至少清洁一遍，每餐前必须清洁，并且采用"清洁—消毒—清洁"相结合的方式。

（1）第一次清洁：幼儿就餐前要用干净的温抹布将桌椅完整擦拭一遍，有污渍处要用抹布蘸洗涤剂重点擦拭。

（2）消毒：用浸泡过消毒液的半干抹布擦拭桌面，并静置30分钟，使消毒液充分发挥其作用。

（3）第二次清洁：用半干抹布将桌面沿"几"字形擦拭一次，将残留的消毒液彻底擦拭干净。

8. 清洁教学设备及家具

白板，计算机、鼠标等电教设备，钢琴以及盛放教具的家具等需每天清洁一次，要将所有的棱、角、边、腿、缝隙都擦拭到位，做到干净、无尘、无擦痕。

（1）白板的清洁：用半干抹布沿"几"字形擦拭，将浮尘擦掉。

（2）电教设备的清洁：用半干抹布将计算机、电脑桌、主机箱等设备擦拭干净，确保计算机显示屏、主机、鼠标、键盘缝隙等所有能够看到、接触到的地方都保持干净。

（3）钢琴的清洁：用半干抹布擦拭钢琴外壳、琴键以及琴键缝隙，使之无浮尘、无擦痕，擦干净后盖好钢琴盖，然后用钢琴罩将钢琴罩好。

9. 清洁地面

（1）扫地：用清水喷洒地面，确保地面湿润，用扫帚从活动室里面向门口方向进行清扫（见图6-6）。扫地时一定要压着扫帚扫，以免尘土飞扬。

图 6-6 扫地

（2）拖地：拖地之前先用半干抹布把家具及物品下方不易接触到的地方擦干净，然后拖其他位置（见图 6-7）。拖地时先把拖布拧至半干，压住拖布，从左向右横着拖，拖到墙边时可将拖布扭转，把脏物带走。尽量采用倒退方式由里向外拖，以防把刚拖过的地面踩脏。地面清洁完毕后，彻底洗涮拖布，拧干后放到指定地点。

图 6-7 拖地

10. 清洁公共卫生区

每天清洁过道、走廊等公共卫生区，使其保持干净、整洁的状态。

用半干抹布擦拭公共卫生区的墙壁，将浮尘、污渍除掉，然后用干抹布完整地擦一遍，使其保持干燥、清洁。

11. 清洁窗帘、琴键布、桌布等

每月将活动室和睡眠室里所有的窗帘，以及活动室里的钢琴琴键布、桌布等物品清洁两次。

（1）借助折叠梯，将所有窗帘摘下。一定要注意安全，折叠梯随用随取，不得在活动室里存放，用完马上放回原处。

（2）将窗帘、琴键布、桌布等放入洗衣机，倒入适量的洗衣液、消毒液，启动洗涤程序来进行清洗。

（3）洗衣机脱水程序结束后，将窗帘、琴键布、桌布等取出，晾挂在幼儿园指定的位置。等其干透后，放回原来的位置。

（六）游戏物品清洁方法

（1）塑料、橡胶玩具的清洗。先将其在消毒液内浸泡半个小时左右，然后用刷子刷洗脏污部分，最后用清水冲洗干净后，将其摆放在阳光下进行晾晒。

（2）毛绒玩具的清洗。小的毛绒玩具可以直接放在洗衣机里进行清洗，甩干后将其在阳光下悬挂晾干即可。大的毛绒玩具可以先把填充缝口拆开，将里面的填充物取出，然后放入洗衣机内进行清洗。毛绒玩具在晾晒时，最好直接放于阳光下暴晒，以起到杀菌消毒的作用。

（3）沙子的清洗。沙子一般需要每周置于太阳下暴晒一次。晒沙子时要注意定时进行翻搅，尽量让所有沙子都能暴露于阳光下。

（4）金属玩具的清洗。如果是不易生锈材质的金属玩具，可以使用开水进行烫洗消毒；如果是容易生锈的材质，可以用干抹布将其表面擦净后，置于太阳下暴晒。

（5）木质玩具的清洗。如果是耐湿、耐热、不易褪色材质的木质玩具，可以先在热水中加入清洗剂，将玩具置于溶液中浸泡10分钟后，捞出冲洗干净，置于太阳下暴晒。如果木质玩具的材质容易褪色，则不需要热水清洗，直接在太阳下暴晒即可。除此之外，也可以用酒精棉片擦拭玩具，然后放在太阳下晾晒。

（6）电子玩具的清洗。电子玩具比较精密，不能用清水泡洗，可以先将玩具中的电池取下，然后用酒精棉球进行擦拭，缝隙处可以用棉签或者牙刷进行彻底清洁，最后用干净的毛巾蘸清水进行擦拭。

二、游戏环境和物品的消毒

（一）常用消毒剂

1. 含氯消毒剂

含氯消毒剂是指溶于水产生具有杀微生物活性的次氯酸的消毒剂，其杀微生物有效成分常以有效氯表示。

（1）84消毒液：84消毒液的有效氯含量通常在5%左右，是主要用于环境和物体表面消毒的含氯消毒剂，含有强力去污成分。

（2）含氯泡腾片：含氯泡腾片是以三氯异氰尿酸或二氯异氰尿酸钠等为有效成分的消毒片，有效氯含量为45%~55%，呈固体状，贮存、使用较为方便。

（3）漂白粉：漂白粉有效氯含量为25%~30%，性质不稳定，容易在光线和空气中发生水解，可用于尿液、稀便、呕吐物等的消毒。

2. 去污粉

大部分去污粉的主要成分是碳酸氢钠（工业小苏打）界面活性剂，加入少量白土起吸附作用、加细沙起增加摩擦力作用、加少量碱起增加去污力作用，具有腐蚀性，适用于水龙头、台盆、光滑大理石、瓷砖等的清洁消毒。

（二）消毒液配制

（1）幼儿园一般需要配制有效氯浓度为250 mg/L或500 mg/L的消毒液。

（2）准确计算消毒液配制比例。

（3）按照比例先加水（不能使用热水），再加消毒剂，混匀后加盖，防止挥发。

（4）消毒液要放置在幼儿不易接触到的地方。

（三）玩具消毒原则

1. 新旧玩具都要消毒后才能使用

旧玩具携带有很多细菌与病毒，需要定期进行消毒杀菌。新玩具在生产过程中也会沾染许多细菌与病毒，必须经过清洁消毒后才能供给幼儿使用，这样会让幼儿玩得更安全。

2. 选择幼儿专用的清洁消毒剂

只有选择幼儿专用的清洁消毒剂，才可以减少对幼儿呼吸道和皮肤产生的不良刺激。

3. 玩具在清洗消毒后需用大量的清水冲洗

消毒后的玩具需用大量的清水进行冲洗，这样可以减少消毒剂在玩具表面的残留。

4. 用专用抹布擦拭玩具

清洁消毒后的玩具需用专用抹布进行擦拭，然后放在阳光下晾干。

（四）消毒工作流程

（1）保育员需穿工作服，戴口罩、围裙、手套，准备好抹布、盆等消毒工具。

（2）检查消毒原液的商标、生产日期，确认其名称及规格。

（3）准备消毒剂配制器具：量杯、喷壶、盆等。

（4）按照消毒液配制方法，配制好相应比例的消毒液。

（5）用配制好的消毒液对相应物品按照规定进行消毒。

（五）消毒规范

1. 游戏环境消毒规范

（1）空气消毒

①开窗通风：幼儿活动室、睡眠室每日开窗通风至少两次，每次至少 10~15 分钟，在温度适宜、空气良好的情况下，可以持续开窗通风。

②紫外线消毒：在幼儿离开教室后，可以采用紫外线灯进行消毒。

（2）地面、厕所、拖布、垃圾桶消毒

①地面、厕所消毒：用有效氯浓度为 500 mg/L 的消毒液喷洒地面和厕所，静置 30 分钟后用拖布拖净，最后用清水再拖一遍。

②拖布消毒：先准备好有效氯浓度为 500 mg/L 的消毒液，然后将拖布放在消毒液中浸泡 30 分钟，冲洗涮净后，放在指定地点晾干。

③垃圾桶消毒：用浸有有效氯浓度为 500 mg/L 的消毒液的抹布擦拭，再用清水擦净即可。

2. 游戏物品消毒规范

（1）桌子消毒

桌子消毒流程如下（见图 6-8）。

①准备 3 块抹布（2 块清洁抹布、1 块消毒抹布）、2 个盆（1 盆装有清水，1 盆装有配制好的有效氯浓度为 250 mg/L 的消毒液）。

②先用1块清洁抹布沿"几"字形清洁桌面及桌边、桌角。

③用浸泡过消毒液的半干毛巾沿"几"字形擦拭桌面及桌边、桌角，并静置30分钟，让其充分消毒。

④30分钟后，再用另外1块清洁毛巾沿"几"字形清洁桌面及桌边、桌角。

图6-8 桌子消毒

（2）玩具消毒

①使用消毒液浸泡。对于小型塑料玩具，可以在清洗干净后，用有效氯浓度为250 mg/L的消毒液浸泡20~30分钟，然后用清水冲洗干净。

②使用消毒液擦拭。对于大型木质与塑料玩具，可以先用专用抹布擦拭干净，然后蘸取消毒液进行擦拭，静置30分钟后，再用清水擦净。

③晾晒。上述玩具清洗干净后，应放在阳光下、通风处悬挂晾干，利用阳光中的紫外线进行杀菌消毒。

④使用紫外线消毒柜。对于一些特殊的玩具，如电子玩具，可以使用紫外线消毒柜进行消毒，确保玩具得到彻底的清洁和消毒。

⑤此外，对于毛绒玩具可以使用专用的清洗剂浸泡后清洗，然后晾晒；对于电动玩具，需要先拆下电池，然后用酒精棉球擦拭表面，等酒精完全挥发后再将电池装回原处。

（3）图书消毒

①把准备要消毒的书籍放在阳光直射的地方，一本一本打开，不得相互重叠，暴晒不低于6小时。

②把消毒好的图书收拾整理好，放回原来的地方。

（4）教学用具消毒

①把能够使用化学消毒液进行消毒的教学用具挑拣出来。

②配备好有效氯浓度为250 mg/L的消毒液。

③把待消毒的教学用具放在消毒液中浸泡10~30分钟后，再用清水冲洗干净。

④对于不能浸泡的教学用具，可采用擦拭滞留的方法，滞留30分钟后，用浸泡过清水的半干抹布再擦一遍；也可用紫外线灯照射。

⑤把消毒好的教学用具放在通风的地方晾晒。

知识拓展

自制玩教具的管理建议

一、监管回收材料的来源，明确责任，防范风险。为了幼儿的安全，我们要对回收材料的来源、种类加以限制，替代物的范围不可扩大，禁止家长带工业制品及其下脚料入园。

二、对保教人员进行安全与卫生方面的教育。幼儿园应当采用安全知识讲座、微信公众号发文等多种形式，为保教人员提供国家标准、行业标准方面的培训。

三、使用安全、卫生的加工材料。为幼儿提供木夹、线轴等符合相关规定的加工材料，既可以保证安全与卫生，又可减轻教师的负担，还可降低购置成本。

四、对自制玩教具材料进行清洗和消毒。保教人员应按规范要求清洗自制玩教具，定期对其进行检查，消除安全隐患。另外，要谨慎使用不曾接触过的材料。

除此以外，引导幼儿勤洗手也可以减少自制玩教具上的病菌和有毒有害物质对其健康的影响。

案例分析

硕硕很喜欢爸爸、妈妈给他买的玩具，有时候玩搭积木，有时候玩塑料小手枪，不经意间就把玩具放进嘴巴里舔一舔、咬一咬、啃一啃，过了一会儿不喜欢了，又随意把玩具扔在地上踩一踩。有一天，硕硕突然肚子痛，爸爸、妈妈把他送到医院接受检查后，医生说可能是硕硕没有注意卫生而导致的肚子痛，并告诉硕硕玩具脏了不要往嘴里放，小心病从口入，并嘱咐硕硕妈妈要做好玩具的清洁工作。

保育员使用以下方法指导硕硕妈妈清洁玩具并消毒。

一、塑料玩具清洁与消毒的规范操作

1. 先清洗，保证塑料玩具表面清洁、无污物。

2. 把塑料玩具倒入专用的消毒筐中，在有效氯浓度为 250 mg/L 的消毒液中浸泡 20~30 分钟，注意使塑料玩具完全浸没在消毒液中。塑料玩具应每周至少消毒一次。

3. 用流动的清水将塑料玩具表面残留的消毒液完全冲洗干净。

4. 沥干塑料玩具上的水分，晾干后放回原处。

二、木制玩具清洁与消毒的规范操作

1. 先将蘸有洗涤剂的抹布拧至半干，然后擦拭木制玩具，保证其表面无污物。

2. 在有效氯浓度为 250 mg/L 的消毒液中搓洗消毒专用抹布，拧至半干状态，然后用其擦拭木制玩具表面，静置 20~30 分钟。

3. 将抹布在清水中搓洗并拧干，然后擦拭木制玩具，去除其表面残留的消毒液。

4. 木制玩具晾干后收纳至玩具筐。

分析：婴儿期的孩子经常将物品放入口中以感知世界，幼儿园中较小年龄的幼儿也时常出现这样的行为。如果幼儿经常啃咬玩具，会将大量细菌、病毒等带入体内，增加患病风险。不建议幼儿园使用不易清洁与消毒的玩具，如毛绒玩具、口琴等。幼儿园在采购玩具时，要注意玩具的质量，特别是玩具表面涂层的材料，以免幼儿经常将玩具放入口中，造成铅、砷、汞等中毒。此外，保教人员要培养幼儿良好的卫生习惯。

巩固与提高

一、选择题（每题1分，共10分）

1. 保育员应至少（　　）擦拭一次窗户。
   A. 1个月　　　　　B. 1个星期　　　　C. 2个月　　　　　D. 2个星期

2. 用扫帚扫地时，应（　　）。
   A. 向上挑扫，避免尘土飞扬　　　　　B. 向两侧横扫，避免尘土飞扬
   C. 向前挑扫，避免尘土飞扬　　　　　D. 向前压住扫，避免尘土飞扬

3. 使用抹布后应先（　　）。
   A. 用消毒液浸泡　　　　　　　　　　B. 将沾附在抹布上的污物冲洗掉
   C. 用肥皂洗　　　　　　　　　　　　D. 晾干

4. 清洁环境的次序为（　　）。
   A. 从外到内，由上到下　　　　　　　B. 从内到外，由上到下
   C. 从外到内，由下到上　　　　　　　D. 从内到外，由下到上

5. 每月清洁（　　）次活动室的窗帘、桌布等。
   A. 一　　　　　　　B. 二　　　　　　　C. 三　　　　　　　D. 四

6. 保育员每天的消毒程序是（　　）。
   A. 浸泡—消毒
   B. 消毒剂浸泡—清水洗净
   C. 刷洗—消毒
   D. 清水浸泡—刷洗—消毒剂浸泡—清水洗净

7. 拖布等清洁工具应（　　）。
   A. 专区专用，专物专用　　　　　　　B. 可混用
   C. 随意放置　　　　　　　　　　　　D. 一起消毒

8. 玩具可用有效氯浓度为（　　）的含次氯酸钠消毒液进行消毒。
   A. 200 mg/L　　　　B. 250 mg/L　　　　C. 300 mg/L　　　　D. 400 mg/L

9. 教学用具可以放在消毒液中浸泡（　　）分钟后，用清水冲洗干净。
   A. 1~10　　　　　　B. 5~30　　　　　　C. 5~20　　　　　　D. 10~30

10. 对大型玩具进行消毒，要（　　　）用有效氯浓度为 250 mg/L 的消毒液擦拭，滞留 30 分钟后用清水擦拭或喷洒。

A. 每天　　　　B. 隔天　　　　C. 每周　　　　D. 每月

二、判断题（每题 1 分，共 10 分）

1. 幼儿园活动室内应空气清新、光线明亮，安装防蚊蝇等有害昆虫的设备。（　　）

2. 环境清洁流程包括擦—拖—理—洗—摆五个步骤。（　　）

3. 不同区域要使用专用抹布和拖布，并及时清洁。（　　）

4. 幼儿活动室应当每日至少开窗通风两次，保持室内空气清新。（　　）

5. 擦椅子时要将椅背、椅面、椅腿、椅子底部都擦到，做到"一擦二洗三清"。（　　）

6. 预防性消毒的目的是切断传染病的传播途径。（　　）

7. 所有的物品都可以采用高压蒸汽灭菌法。（　　）

8. 电器应拔掉电源后，再进行消杀工作。（　　）

9. 幼儿园常用的化学消毒剂是含氯消毒剂，适用于家具表面、体温表、玩具等。（　　）

10. 不可浸泡类玩具用紫外线照射 30 分钟即可完成消毒。（　　）

学测评价

一、游戏环境和物品的清洁评价

评分项目		评分标准	得分
专业知识与技能（60%）	游戏环境清洁原则	（1）了解游戏环境清洁的准备（4分） （2）能够安排好清洁时间（4分） （3）明确清洁过程的次序和原则（4分）	
	游戏环境清洁流程	能够按照六个步骤完成清洁流程（6分）	
	游戏环境清洁方法和要求	（1）活动室清洁方法和要求（4分） （2）玩教具清洁方法和要求（4分） （3）桌椅桌垫清洁方法和要求（4分）	
	物品清洁方法和要求	（1）玩具柜清洁方法和要求（5分） （2）桌椅清洁方法和要求（5分） （3）教学设备清洁方法和要求（5分） （4）地面清洁方法和要求（5分）	
	课后习题	巩固与提高选择题1~5、判断题1~5（10分）	
个人素养（40%）	学习态度	（1）尊重教师，积极与同学互动，体谅幼儿的感受（3分） （2）愿意分担各项任务（3分） （3）遇事积极思考，有质疑精神，勇于创新（4分） （4）善于倾听各方声音（3分） （5）乐于分享学习、实践经验（3分）	
	专业精神	（1）认识保育工作的重要性（2分） （2）能够积极投入专业学习中（4分） （3）实践中严谨、认真（4分） （4）遇事善于动脑和反思（5分）	
	信息获取	（1）熟悉信息收集方法（2分） （2）能够对需要的信息进行深度挖掘与筛选（3分） （3）利用有效的信息资源充实游戏活动（4分）	
分数		专业知识与技能：　　　　　个人素养：　　　　　总分：	

二、游戏环境和物品的消毒评价

	评分项目	评分标准	得分
专业知识与技能（60%）	常用消毒剂	（1）了解常用消毒剂的种类（4分） （2）掌握各种消毒剂的配制浓度（4分）	
	消毒液配制	（1）明确要配制的消毒液浓度（3分） （2）能够准确计算消毒液的配制比例（4分） （3）了解配制好的消毒液的放置要求（3分）	
	消毒工作流程	（1）了解消毒工作之前的准备事项（4分） （2）清楚消毒原液的检查方法（4分） （3）了解配制消毒液的器具及过程（4分） （4）会用配制好的消毒液进行消毒（4分）	
	消毒规范	（1）了解玩具的消毒规范（4分） （2）了解图书的消毒规范（4分） （3）了解教学用具的消毒规范（4分） （4）了解大型玩具的消毒规范（4分）	
	课后习题	巩固与提高选择题6~10、判断题6~10（10分）	
个人素养（40%）	学习态度	（1）尊重教师，积极与同学互动，体谅幼儿的感受（3分） （2）愿意分担各项任务（3分） （3）遇事积极思考，有质疑精神，勇于创新（4分） （4）善于倾听各方声音（3分） （5）乐于分享学习、实践经验（3分）	
	专业精神	（1）认识保育工作的重要性（2分） （2）能够积极投入专业学习中（4分） （3）实践中严谨、认真（4分） （4）遇事善于动脑和反思（5分）	
	信息获取	（1）熟悉信息收集方法（2分） （2）能够对需要的信息进行深度挖掘与筛选（3分） （3）利用有效的信息资源充实游戏活动（4分）	
分数		专业知识与技能： 个人素养： 总分：	

参考文献

［1］刘焱．儿童游戏通论［M］．2版．北京：北京师范大学出版社，2008．

［2］单文顶，焦冬玲，袁爱玲．幼儿园游戏指导策略［M］．福州：福建教育出版社，2017．

［3］王哼．幼儿园游戏设计指导书［M］．福州：福建教育出版社，2016．

［4］张国平．幼儿的自主游戏［M］．北京：中央编译出版社，2017．

［5］梁周全，尚玉芳．幼儿游戏与指导［M］．北京：北京师范大学出版社，2022．

［6］方钧君．幼儿游戏［M］．上海：上海交通大学出版社，2014．

［7］宋彩虹，蔡志刚．幼儿园教育活动保育［M］．上海：华东师范大学出版社，2021．

［8］程学琴．放手游戏 发现儿童［M］．上海：华东师范大学出版社，2017．

［9］胡彩云，潘元良瑞．游戏设计与指导［M］．北京：世界图书出版公司，2019．

［10］董旭花，韩冰川，刘霞，等．幼儿园自主游戏观察与记录：从游戏故事中发现儿童［M］．北京：中国轻工业出版社，2015．

［11］周昶，尹毅．婴幼儿生活保育［M］．北京：高等教育出版社，2022．

［12］彭英．幼儿照护职业技能教材［M］．长沙：湖南科学技术出版社，2020．

［13］曹中平，韦丹，蔡铭烨．幼儿园游戏指导［M］．北京：北京理工大学出版社，2018．

［14］龚蕊萍．综合游戏案例设计：小班［M］．武汉：湖北美术出版社，2017．

［15］龚蕊萍．综合游戏案例设计：中班［M］．武汉：湖北美术出版社，2017．

［16］龚蕊萍．综合游戏案例设计：大班［M］．武汉：湖北美术出版社，2017．